steffi von wolff

ausgezogen

roman

rowohlt taschenbuch verlag

Originalausgabe
Veröffentlicht im Rowohlt Taschenbuch Verlag,
Reinbek bei Hamburg, April 2010

Lektorat Silke Kramer
Umschlaggestaltung any.way, Barbara Hanke/Cordula Schmidt
Umschlagillustrationen any.way, Barbara Hanke/Cordula Schmidt
(Umschlagfoto: © Masterfile)
Satz Joanna PostScript (InDesign)
bei Pinkuin Satz und Datentechnik, Berlin
Druck und Bindung CPI – Clausen & Bosse, Leck
Printed in Germany
ISBN 978 3 499 21536 0

ausgezogen

Für meinen Philipp

eins

«Nein.» Karin von Heybergs Fingerknöchel wurden langsam weiß, weil sie sich nun schon seit einiger Zeit in die Tischplatte krallten. Immer wenn sie sich aufregte, bekam sie ein Gesicht wie eine Hyäne; würde sie zusätzlich noch die Zähne fletschen, wäre das Gesamtbild perfekt. Nicole sah ihr absolut nicht ähnlich; niemand würde vermuten, dass sie verwandt sein könnten. Karin von Heyberg war groß und dünn wie ein Spargel, die Haare waren glatt und streng nach hinten gekämmt, das Gesicht schmal und mit verhärmten Zügen. Nicole war zwar auch dünn, aber das war auch die einzige Gemeinsamkeit. Sie war recht klein, hatte ein rundliches Gesicht, Sommersprossen und dunkelrote Haare, auf die sie sehr stolz war und die sie pflegte, wie sie später mal ihren Erstgeborenen pflegen würde.

Jetzt atmete ihre Mutter schwer und keuchte. «Ich sagte nein. Das kommt *überhaupt* nicht in Frage, wenn du mir *das* antust, dann weiß ich nicht, ob ich das *überlebe.*»

«Du übertreibst, Mama», sagte Nicole gelangweilt und schlug die Beine übereinander. «Wie immer.» Nicole kannte ihre Mutter seit immerhin achtzehn Jahren;

ihr war nichts mehr fremd, und sie regte sich schon lange nicht mehr auf.

Zum ungefähr tausendsten Mal schaute sich Nicole im Arbeitszimmer ihrer Mutter um, das vollgestopft war mit Fachmagazinen, antiken Bibelerstausgaben und anderen geistreichen Büchern; mit Ledersofas und Stichen, auf denen irgendjemand für irgendetwas betete, und mit allerlei anderem Kram, dem sie noch nie etwas abgewinnen konnte. Ihre Mutter war als Theologin hoch angesehen, genauso wie ihr belesener Vater, nur dass der sich nicht der Theologie, sondern der Sprache verschrieben hatte, was ja nicht automatisch schlecht war, aber wer wie Nicole in diesem Haus groß geworden war, dachte anders. Ihre Eltern waren nicht nur grauenhaft intelligent, nein, sie hatten auch ständig Todesangst um ihre Kinder, von denen es insgesamt fünf gab. Nicole und ihre vier Geschwister hatten sich in der Vergangenheit des Öfteren gefragt, warum ihre Eltern überhaupt Nachwuchs in die Welt gesetzt hatten; ohne wäre es ihnen mit Sicherheit bessergegangen. Nicole konnte sich nicht erinnern, dass auch nur ein Tag vergangen war, an dem ihnen nicht etwas verboten wurde. Die Eltern hielten die Welt nicht für einen Planeten, sondern für einen dubiosen Ort, an dem es vor Abschaum und Gefahren nur so wimmelte. Sie malten sich ununterbrochen aus, wie ihre Kinder ums Leben kommen oder zumindest schwer verletzt werden könnten. Am liebsten, da war sich Nicole sicher, hätten sie sie hier im Haus auch noch festgekettet oder ihnen allen elektronische Fußfesseln angelegt, die immer dann ein Signal abgaben, wenn sich einer von ihnen weiter als dreißig Zentimeter aus dem vorgegebenen Radius entfernte. Aber mit solchen weltlichen Dingen gaben sich ihre

Eltern nicht ab. Lieber saßen sie abends mit ihren Leselampen vor ihren Büchern und sinnierten darüber, wie man der Welt den Glauben oder die schöne Sprache nahebringen könnte. Dasselbe hatten sie von ihrem Nachwuchs erwartet, aber der hatte sich immer gesträubt. Ihre jüngere Schwester Nele war bereits mit siebzehn ins Ausland gegangen, um dort eine Hotelfachschule zu besuchen. Es gab damals schon Diskussionen und Selbstmordandrohungen der Mutter, und auch der Vater war beinahe durchgedreht und hatte mal wieder einen seiner mysteriösen Asthmaanfälle bekommen, die immer dann auftauchten, wenn etwas nicht nach seinem Kopf ging. Aber Nele hatte sich durchgesetzt. Und – das erzählte sie jedem – ihr ging es noch nie so gut wie seit dem Auszug von zu Hause. Die anderen, älteren Geschwister sagten im Übrigen das Gleiche.

Nicole war die Vorletzte der fünf, die noch hier wohnte. Außer ihr war noch der Jüngste, Felix, da.

Aber für Nicole war auch das glücklicherweise bald vorbei. Das Abi war bestanden, und zusammen mit ihren besten Freundinnen Julia, Kim und Saskia würde sie sich ab morgen ernsthaft auf die Suche nach einer Wohnung machen! Die vier hatten das schon lange vor, aber Nicole hielt es für besser, bis nach den Prüfungen zu warten, um sich selbst und auch ihre Eltern nicht unnötig zu stressen. Doch nun war der Zeitpunkt gekommen. Es war Mai, es war warm, und es gab keinen Grund, noch länger zu warten. In der Vergangenheit hatten sie sich schon eine ganze Menge Wohnungen angesehen, aber nur mal so, um zu schauen, was gerade so frei war. Berauschend war es nicht gewesen, aber jetzt wollten sie richtig loslegen. Es musste einfach klappen.

«Das ist viel zu gefährlich», regte ihre Mutter sich

auf und lief blutrot an. Nicole hatte sich schon immer gefragt, wie sie das auf Knopfdruck hinbekam. Sobald ihr etwas nicht passte, wurde das Gesicht rot wie eine Tomate, und dann kam der Spruch: «Mein Herz, mein Herz! Lange wird es das nicht mehr mitmachen.» Wenn man sich auf etwas verlassen konnte, dann darauf.

«Mein Herz macht das nicht mehr lange mit», kam es auch prompt, Karin ließ die Tischkante los und griff sich an den Hals, obwohl sich das Herz da gar nicht befand.

Nicole stand auf und bereute es mal wieder, so klein zu sein. Noch nicht mal eins sechzig. Wäre sie größer gewesen, dann hätte ihre Mutter vielleicht mehr Respekt vor ihr. Aber das konnte sie jetzt auf die Schnelle auch nicht ändern, es sei denn, hier würden zufällig Stelzen herumstehen. «Erstens mal ist eine eigene Wohnung nicht gefährlich, zweitens bin ich achtzehn, und drittens kann ich schon sehr gut auf mich selbst aufpassen.»

Karin lachte hysterisch auf. «Das denkst *du*! Du hast doch überhaupt keine Ahnung, wie es da draußen zugeht!» Sie betonte die Worte «da draußen» so, als ob es in Hamburg vor Massenmördern und Psychopathen nur so wimmelte; als ob die nichts Besseres zu tun hätten, als gerade auf Nicole zu warten. Als hätten sie sich vor dem Haus schon zusammengerottet und würden ungeduldig und mit Messern und Kleinkaliberpistolen herumhüpfen, bis sie endlich, endlich rauskam und sie sie endlich, endlich zerstückeln oder erschießen konnten. Nicole konnte es nicht mehr hören; sie hatte diese Überangst und diese permanenten Verbote so satt, dass sie es ihrer Mutter am liebsten ins Gesicht geschrien hätte.

Jetzt versuchte Karin eine andere Masche: «Das ist

also der Dank für alles, was wir für dich getan haben», sagte sie mit heiserer Stimme. «Der Dank dafür, dass wir dich großgezogen und du wohlbehütet in diesem Haus aufgewachsen bist.»

«Wohlbehütet stimmt nicht ganz. Eher überbehütet», konterte Nicole. «Hör jetzt auf, Mama. Die Zeiten sind vorbei. Ich bin erwachsen. Und ich freu mich darauf, dass jetzt alles anders wird. Endlich.» Sie verließ das Arbeitszimmer, und Karin von Heyberg sah ihr fassungslos nach. Es schien, als wäre ihr bewusst geworden, dass sie verloren hatte. Aber sie wollte nicht aufgeben. Sie würde später mit ihrem Mann darüber sprechen. Vielleicht würde dem ja noch etwas einfallen.

«Ich hab's ihr gesagt. Endlich.» Nicole lag auf ihrem Bett und streckte sich.

«Und?», wollte Saskia wissen. «Lass mich raten, sie ist wieder rot geworden, und dann warst du plötzlich undankbar.»

«Korrekt.»

Saskia kicherte und ahmte die Stimme von Karin von Heyberg nach: «Die Welt ist doch so böse und so schlecht, du wirst *keinen* Tag überleben. Nur *hier* bist du sicher. Mannomann, kapiert die eigentlich nicht, dass es ganz normal ist, dass man älter wird? Ich glaub, ihr wäre es lieber gewesen, du hättest ewig Windeln angehabt oder so.»

«Jedenfalls ist es jetzt raus», sagte Nicole erleichtert. «Ich bin so froh, du glaubst es nicht.»

«Doch. Glaub ich.»

«Wie hat *deine* Mutter reagiert?», fragte Nicole die Freundin gespannt.

«Eigentlich ganz cool. Ich hab's ja lange vorher schon

angekündigt, dass ich irgendwann nach dem Abi ausziehe. Vielleicht hat sie nicht damit gerechnet, dass es so schnell gehen würde, und ist traurig. Aber sie lässt sich nichts anmerken. Ein bisschen leid tut sie mir schon, weil sie dann ganz alleine ist, andererseits bin ich ja nicht aus der Welt.»

«Das wissen wir ja noch nicht. Kommt drauf an, wo wir eine Wohnung finden.»

«Na ja, klar. Aber wir werden in Hamburg bleiben.»

«Hamburg ist groß.»

«Das weiß ich auch, du Hirn. Aber es gibt öffentliche Verkehrsmittel. Und Fahrräder. Ich weiß, da kannst du nicht mitreden, du durftest nie mit dem Bus oder dem Rad fahren.» Saskia kicherte.

«Blöde Kuh», sagte Nicole. «Also, morgen um zwei bei der Wohnungsbesichtigung?»

«Yep. Was machst du heute noch?»

«Ich habe noch eine großartige Aufgabe vor mir. Das mit dem Auszug war ja nur die erste.»

«Was denn noch?»

«Die Polizeischule …», sagte Nicole langgezogen. «Ich war allein zu Haus, als die Eingangsbestätigung meiner Bewerbung kam, sonst hätte meine Mutter den Brief bestimmt schon aufgemacht. Aber sagen muss ich's ihnen. Ich warte aber, bis der Mann der großen Worte zu Hause ist.» Damit meinte sie ihren Vater. Die Kinder hatten ihn immer so genannt.

«Das wird bestimmt lustig.»

«Ich freu mich schon drauf. Also, bis morgen.»

«Bis morgen. Ich denk an dich.»

«Das ist lieb.»

Nicole legte das Telefon zur Seite und starrte an die Decke. Jetzt müsste ihr Vater gleich heimkommen. Er hatte den ersten Schock zu verdauen, dass sie ausziehen würde. Und beide, ihre Mutter und ihr Vater, würden sie fassungslos anstarren, wenn sie ihnen erzählte, dass sie sich bei der Hamburger Polizeischule beworben hatte. Sie stand erst auf, als sie den Schlüssel in der Haustür hörte.

Es musste erledigt werden. Also los. Schließlich wartete das Leben auf sie!

«Ich muss mit euch reden.» Nicole nahm sich eine Scheibe Brot.

«Was gibt es denn dazu noch zu sagen?», fragte ihre Mutter, die sich in eine Hysterie hineingesteigert hatte. Karin hatte sogar im Internet gesurft und mehrere Seiten ausgedruckt, die sie ihr vor die Nase pfefferte.

«Da siehst du's. Hamburg ist sehr wohl gefährlich für ein junges Ding wie dich. Es gibt Schießereien, und Massenmörder laufen hier herum.»

«Wir wollen ja nicht auf den Kiez ziehen.»

«Auch Serienkiller haben Beine», klagte Karin und schluckte eine Baldriankapsel. «Die finden auch den Weg in andere Stadtteile. Und ehe man sich umgucken kann, wird einem die Kehle durchgeschnitten. Oder du endest unter einer Brücke, weil du das Opfer der Organmafia geworden bist, die deine Nieren für viel Geld weiterverkaufen, nachdem sie dich ohnmächtig gemacht und dann einfach nach der Entnahme liegengelassen haben! Willst du das, Nicole? Hier!» Sie deutete auf einen ausgedruckten Artikel. «Da steht's. Das kann jedem passieren. Auch dir. Die nähen einen noch nicht mal richtig zu danach. Das kann sich entzünden und was weiß ich. Ich sehe mich schon mit Papa jeden Abend die Brücken absuchen.»

«Ach, Mama», sagte Nicole und verdrehte genervt die Augen.

«Hast du's gut», hatte ihr Bruder Felix nach Nicoles Verkündung, ausziehen zu wollen, gesagt. Er war gerade zwölf Jahre alt geworden und würde hier noch ein bisschen festsitzen. «Ich muss noch fast zweitausendeinhundertneunzig Tage warten, bis ich achtzehn bin.» Dann hatte er plötzlich einen Geistesblitz. «Ich könnte doch mit dir ausziehen. Das wäre doch toll.»

«Ich glaube nicht, dass das geht.» Nicole hatte Felix gut verstehen können. «Aber Mama würde sich einen Strick nehmen, wenn wir das auch nur im Spaß sagen würden. Und das weißt du ganz genau.»

Nicole liebte ihren kleinen Bruder. Und sie hätte ihn zu gern mitgenommen. Schon als Felix auf die Welt kam, hatte sie sich am meisten von allen um ihn gekümmert, und Felix war total auf Nicole fixiert. Daran hatte sich bis heute nichts geändert. Ihre Mutter war mit dem Jüngsten völlig überfordert. Felix war nämlich ein kleiner Unglücksvogel, stürzte ständig mit dem Skateboard oder stand immer grundsätzlich da, wo gerade ein morscher Schuppen zusammenbrach, und er kam permanent mit Schrammen, aufgeschlagenen Knien und Ellbogen oder einem fast gespaltenen Schädel nach Hause, was er gar nicht schlimm fand, Karin von Heyberg allerdings beinahe zugrunde gehen ließ.

«Ja, ich weiß.» Felix hatte ein wenig Einsicht gezeigt. «Aber doof ist es trotzdem.»

Jetzt saß man also am Abendbrottisch, und Nicole hatte beschlossen, alles in einem Aufwasch zu erledigen.

«Es geht nicht darum, dass ich ausziehe», sagte sie. «Es geht um meine Ausbildung.»

Der Vater sah sie an. Dieter von Heyberg war ein in

sich gekehrter Mann, der für seine Bücher lebte und sich eigentlich durch nichts aus der Ruhe bringen ließ. Nur wenn eins der Kinder ein Lexikon aus dem Regal genommen und es nicht wieder korrekt einsortiert hatte, konnte er explodieren. Wie seine Frau war er ein sehr ängstlicher Mensch, der das Haus am liebsten überhaupt nicht verließ, weil ja immerhin die theoretische Möglichkeit bestand, dass ein Meteorit vor ihm auf dem Gehweg einschlug oder die Verladeklappen einer über ihm fliegenden Passagiermaschine sich öffneten und er von Koffern und Reisetaschen erschlagen werden könnte. Er dankte Gott dafür, dass er von zu Hause aus arbeiten konnte, und kam manchmal tagelang nicht an die frische Luft, weil er auch vor dem Garten Angst hatte. Was, wenn er plötzlich vor dem Zierteich einen Herzanfall bekäme und kopfüber hineinstürzte? Oder eine Amsel einfach so durchdrehen und ihm die Augen aushacken würde? Eben.

«Ich mach es kurz», ließ Nicole ihre Eltern wissen und nahm sich betont gelangweilt eine Scheibe Aufschnitt. «Ich habe mich bei der Polizeischule beworben.»

Dieter glotzte sie an, als sei sie ein deformiertes Gürteltier. Karin stellte ihr Wasserglas so heftig ab, dass es überschwappte. Sie waren sprachlos.

«Cool», ließ Felix die Schwester aufgeregt wissen. «Wenn ich dann später mal besoffen Auto fahre und du mich anhältst, muss ich mir ja keine Sorgen machen.»

zwei

«Das ist ja entsetzlich», flüsterte Kim den anderen zu. «Das sind ja viel mehr als beim letzten Mal. Das sind ja mindestens hundert Leute.»

«Ich hab sie gezählt, es sind *hundertzwei*», flüsterte Julia zurück. Sie standen mit Saskia und Nicole vor dem Altbau, in dem eine Fünf-Zimmer-Wohnung frei war, und wenn man dem Inserat glauben durfte, war diese Wohnung sozusagen maßgeschneidert für die vier. Jede von ihnen hätte ein eigenes Zimmer, gemeinsam würden sie das fünfte als Wohnzimmer benutzen, es gab ein großes Bad mit Wanne und zwei Klos. Perfekt. Auch der Preis war okay. Tausendvierhundert Euro, das waren dreihundertfünfzig pro Person; sie hatten alles genau ausgerechnet, es würde hinhauen. Aber noch nie waren derart viele Leute auf einem Besichtigungstermin gewesen, und sie hatten sich schon viele Wohnungen angeschaut. Grauenhafte Wohnungen mit versifften Küchen, verpilzten Badezimmern und Teppichböden, die so aussahen, als wären auf ihnen Leichen verwest. Die schlimmsten Inserate, das hatten sie gelernt, waren die, in denen entweder stand: «Interessanter Grundriss» oder «Für Hobbybastler bestens geeignet». Bei Ersterem konnte es gut möglich sein, dass die Eingangstür sich vor der Waschküche oder im Heizungskeller befand, oder dass man erst einmal komplett durch alle Räume latschen musste, um ins Bad zu kommen. Oder es gab keine Türen, warum auch immer, oder die Küche war gleichzeitig das Bad und der Flur ein Gruppenraum der Anonymen Alkoholiker, was sich mal so ergeben hatte und dann immer so geblieben war. Eine der Wohnungen hatte sogar noch ein Etagenklo im Treppenhaus, das zum letzten Mal im achtzehnten Jahrhundert geputzt worden war. Und das Zweite bedeutete, dass die Wohnung erst mal kernsaniert werden musste, bevor man ohne Gefahr für Leib und Leben darin hausen konnte. Dann die Vermieter! In höchsten Tönen schwärmten sie von ihren grandiosen Wohnungen und behaupteten, wenn man sie nicht nähme, würde man den größten Fehler seines Lebens machen. Sie sagten das so, als würde man für den Rest seiner Tage in eine psychotische Schockstarre fallen und nichts mehr von seiner Umwelt mitbekommen, wenn man diese Wohnung nicht nähme. Einer sagte immer: «Ach, da muss man großzügig sein.» Fragte man beispielsweise, warum die Wohnungstür so verzogen war, dass sie sich nicht richtig schließen ließ: «Ach, da muss man großzügig sein.»

«Aha. Und diese offen liegenden Kabel da an der Wand?»

«Ach, da muss man großzügig sein.»

Mindestens fünfzehn Wohnungen hatten sie sich mittlerweile angeschaut, aber keine war dabei, von der sie auch nur ansatzweise begeistert gewesen wären. Aber sie gaben nicht auf. Es musste doch irgendwann klappen. Das Haus, vor dem sie nun standen, war 1902 erbaut worden und wirkte von außen sehr gepflegt. Die zu vermietende Wohnung befand sich im Erdgeschoss, und dazu gehörte auch noch ein schöner Garten.

«Da kommt der Besitzer», raunte die Menge, als hätten sie lange Jahre darauf gewartet, endlich mal Kaiser Wilhelm persönlich kennenzulernen oder Cäsar, der vorgeschlagen hatte, ein Glas Wein zusammen zu trinken.

Saskia war die Größte der vier und stellte sich auf die Zehenspitzen. Sie wurde Püppi genannt, was nicht auf ihre Größe zurückzuführen war, weil das ja unsinnig gewesen wäre, sondern erstens, weil sie mit Nachnamen

Pupp hieß, und zweitens, weil sie so perfekt aussah wie eine schöne Puppe. Es fehlte nur noch, dass sie Rüschenkleider trug.

«Wie sieht er aus?», wollte Julia wissen. «Sympathisch oder nicht? Jetzt sag schon …» Sie trippelte hin und her und kniff Saskia in die Seite. «Bitte sag, dass er sympathisch ist und dass du ihn um den Finger wickeln wirst. Sag schon.»

Saskia grinste. «Sympathisch schon, aber um den Finger wickeln eher nicht. Der Mann ist ungefähr neunzig Jahre alt.»

«Dann ist es vielleicht gar nicht der Besitzer», stellte Kim fest. «Sondern lediglich ein Passant. Oder es ist ein armer, alter Mann, der sich verlaufen hat, der auf ärztliche Hilfe angewiesen ist, der dringend seine Tropfen braucht. So was darf man nicht unterschätzen. Alte Leute müssen nämlich sehr oft zum …»

«Kim! Kannst du jetzt mal die Klappe halten?» Nicole verdrehte die Augen. «Du Gutmensch! Nein, du wirst jetzt nicht hingehen und den Mann fragen, ob er Tropfen braucht.»

«Es ist offenbar tatsächlich der Hausbesitzer», kam es von Saskia, die immer noch Ausschau hielt. «Er ist nämlich stehen geblieben und hat einen Schlüssel rausgeholt.»

«Zittern seine Hände?», fragte Kim. «Vielleicht ist höchste Gefahr im Verzug, und er wollte keinen Schlüssel rausholen, sondern seine Medikamente.»

«Kim!», riefen die anderen drei.

«Ist ja schon gut», sagte Kim. «Ich wollte nur freundlich sein.» Beleidigt verschränkte sie die Arme.

«Du wirst dich nie ändern», stellte Nicole fest. «Du bist und bleibst ein hoffnungsloser Fall. Zu gut für diese

Welt, viel zu romantisch und viel zu unrealistisch. Allein die Geschichte mit der Hochzeit … wie bei diesem alten tschechischen Film, wie hieß der nochmal? Den, den du dir ständig auf DVD reinziehst?»

«Drei Nüsse für Aschenbrödel.» Kim war leicht angesäuert. «Ich mag den Film. Es ist so schön, wie die beiden am Schluss durch den Schnee reiten, und dieses herrliche Brautkleid, das sie trägt. Es ist …»

«Ich glaub, es geht los», unterbrach Saskia Kims Ausführungen. «Die Leute bewegen sich. Kommt schon.»

Sie walzten sich mit der Menge in Richtung Eingangstür. «Bitte immer nur zwölf Personen!», rief irgendjemand in die Masse. «Sonst wird das zu viel.»

«Und wir sind natürlich die Letzten», sagte Nicole. «Warum sind wir nicht eher gekommen? Das wird doch nie was. Da können wir auch gleich wieder gehen.»

«Maul nicht rum», wies Julia sie zurecht. «Jetzt sind wir hergekommen, und jetzt bleiben wir auch, bis wir dran sind. Sooo lange wird das auch nicht dauern.»

«Wer nicht wagt, der nicht gewinnt», sagte Saskia und hob den Zeigefinger.

Kim nickte aufgeregt.

«Und das ist der Garten. Schauen Sie sich ruhig in Ruhe um. Er ist noch in seiner Ursprungsform erhalten. Die Mutter vom Herrn Professor Haselmaus liebte Rosen, wie man sieht. Rosen, Rosen, überall mussten Rosen sein. Hahaha! Na ja, ich lass Sie mal kurz allein, und dann möchte Herr Professor Haselmaus noch kurz mit Ihnen sprechen. Der Herr Professor Haselmaus möchte nämlich alle Interessenten persönlich kennenlernen, das ist dem Professor Haselmaus total wichtig. Nur so kann der Professor Haselmaus sich ein genaues Bild machen. Ist der Garten nicht schön? Er ist der ganze Stolz vom Herrn Professor Haselmaus, es ist nämlich so, dass …»

«Sie sind so reizend», unterbrach Saskia den Hausverwalter, der vorhin zur Meute meinte, dass immer nur zwölf Personen ins Haus sollten. Sie strahlte ihn mit ihrem schönsten Lächeln an, und Herr Rümpler wurde sofort rot, was kein Wunder war. Wenn Saskia, beziehungsweise Püppi, einen Mann anstrahlte, konnte man für nichts garantieren. Sie war in der Tat so schön, dass es beinahe eine Unverschämtheit war. Ihre hellbraunen Haare waren leicht gelockt, ihre Augen eisblau, ihr Gesicht einfach perfekt, genau wie der Rest der Erscheinung. Saskia wusste, dass sie wundervoll aussah, aber sie ließ es nicht raushängen. Sie war schon von einigen Modelscouts angesprochen worden, aber sie interessierte sich nicht für «diesen komischen Kram», wie sie es immer nannte.

«Wir freuen uns total drauf, Herrn Professor Haselmaus gleich kennenzulernen, aber erst mal ist es doch total wichtig, was *Sie* von uns halten, Herr Rümpler.»

Herr Rümpler räusperte sich. «Ach, also … ich … was *ich* von Ihnen halte?»

«Ja, sicher», sagte Saskia und lachte so, dass sich an ihren Wangen Grübchen bildeten. Dann riss sie ihre blauen Augen weit auf und schaute Herrn Rümpler an, als würde ihr komplettes Glück von ihm abhängen.

Herr Rümpler wurde rot und wand sich wie ein Aal. «Ich halte natürlich sehr viel von Ihnen», bekam Saskia dann erklärt. Die anderen wurden von ihm überhaupt nicht beachtet.

«Das freut mich so sehr, ich kann Ihnen gar nicht sagen, wie sehr», gurrte Saskia weiter. «Sie sehen so müde aus, Herr Rümpler. Das war sicher ein anstrengender Tag für Sie. Ich bewundere dieses Geschick, so wunderbar mit Menschen umgehen zu können.»

«Oh, danke», sagte Herr Rümpler verlegen und zupfte an seiner Krawatte herum, auf der sich kleine Elefanten tummelten. Sie küssten sich, und über den Rüsseln stiegen kleine Herzchen auf.

«Wissen Sie, was ich an Ihnen besonders sympathisch finde?» Saskia kam in Fahrt.

«Was denn?», krächzte Herr Rümpler.

«Dass Sie uns explizit auf diese wunderschönen Rosen hingewiesen haben. Und darauf, dass die Mutter von Herrn Professor Haselmaus sie so liebte. Das nenne ich einen guten Charakter. Anderen Hausverwaltern wären die Rosen doch ganz egal.»

«Na ja ...» Nun knackte Herr Rümpler mit seinen Fingergelenken herum. «Das hätte doch jeder gemacht.»

Saskia kam einen Schritt näher. «Eben nicht», sagte sie leise. «Obwohl ich noch sehr jung bin, hab ich eine gute Menschenkenntnis. Und ich weiß, dass Sie ein guter, ein ehrlicher Mann sind. Ihre Frau kann sich glücklich schätzen, dass Sie sie geheiratet haben. Bestimmt sind Sie ein fürsorglicher Ehemann, bringen ihr Blumen zum Hochzeitstag mit und überraschen sie auch so mal außer der Reihe. Stimmt's oder hab ich recht?»

Herr Rümpler wand sich wie ein Aal. «Ähem, ähem», machte er andauernd und sagte dann: «Es ist nicht ganz so. Ich lebe in Scheidung ... meine ... also meine Frau hat mich verlassen, weil sie herausgefunden hat ... dass ich ... ja also, dass ich sie mit meiner Assistentin betrogen habe.» Er straffte seine Körperhaltung. «Also, meine Damen, schauen Sie sich den Garten in Ruhe an. Der Herr Professor Haselmaus steht dahinten. Bis gleich dann.» Er stiefelte über den Rasen davon.

drei

Ungefähr eine Minute schwiegen alle.

«Super», sagte Julia dann. «Gratulation, Püppi. Super.»

«Das war's. Wir können gleich gehen», meinte Kim traurig.

«Du gehörst geschlagen», war Nicoles Ansicht. «Ich fange gern an.»

Saskia war blass. «Das tut mir so leid. O Mann, tut mir das leid. Ehrlich jetzt. Ich wollte doch nur, dass er bei diesem Professor ein gutes Wort für uns einlegt.»

«Der hat dich doch total durchschaut. Der ist ja auch nicht von gestern», war Julias Meinung. «Er wird uns ganz bestimmt nicht vorschlagen.»

«Aber ich hab doch gar nichts Schlimmes gemacht», versuchte Saskia sich zu rechtfertigen.

«Doch. Er denkt, du bist total blöd. Menschenkenntnis … na super. Tja, die Wohnung wär's gewesen, da sind wir uns wohl einig.» Nicole schüttelte den Kopf. «Wir gehen trotzdem nochmal zu diesem Professor Haselmaus. Vielleicht hat er ja schon wieder vergessen, was Herr Rümpler ihm von uns erzählt hat. Und vergesst bloß nicht, dass wir Rosen alle miteinander toll finden. Aber so was von toll. Los!»

«Der Garten ist wirklich herrlich», meinte Kim. «Da könnten wir schön im Sommer drin sitzen. Oder?»

«Ja, Kim, das hat ein Garten an sich, dass man darin sitzen kann.» Julia war genervt. «Und bestimmt wird auch extra für dich eine efeuumrankte Schaukel angebracht, auf der du hocken und auf deinen Prinzen mit der Krone warten kannst. Herrje.»

«Jetzt nicht noch streiten, lasst uns jetzt lieber retten, was zu retten ist», schlug Nicole vor. «Da drüben steht der Professor. Los jetzt.»

«Ach, ach, ach, die Jugend, wie schön!», wurden sie von Professor Haselmaus begrüßt, der permanent mit dem Kopf wackelte und einen etwas zu großen Anzug mit Einstecktuch trug. «So jung war ich auch mal, ist lange her, aber ich weiß es noch wie heute. Neunzehnhundertzwanzig bin ich auf die Welt gekommen, ha!, das weiß ich natürlich nicht mehr, aber an meine Jugend erinnere ich mich noch gut. Hier in diesem Garten hab ich im Kirschbaum gesessen, damals hatte ich noch ein Baumhaus, wo ist das eigentlich abgeblieben? Da drüben, da war kein Rasen, da waren Beete, da hatte meine Mutter Salat und Kartoffeln und ach was weiß denn ich noch alles angepflanzt. Dahinten, da waren die Himbeer- und die Johannisbeerbüsche. Da hab ich immer den Hintern voll gekriegt, wenn ich was stibitzt habe.»

Saskia strahlte wie üblich und sagte: «Das muss herrlich gewesen sein.»

Irritiert wurde sie von Herrn Professor Haselmaus gemustert: «Obacht, junge Frau. Wie können Sie denn sagen, dass es herrlich ist, den Hintern voll zu kriegen?»

Kim, Julia und Nicole starrten Saskia drohend an. Die wurde knallrot und beschloss, erst mal gar nichts mehr zu sagen.

«Mit herrlich meinte meine Freundin Ihre Jugenderlebnisse», versuchte Julia die Kurve zu kriegen, und nun strahlte sie, was aber eher wie eine Grimasse wirkte, weil sie unglaublich angespannt war und Saskia am liebsten geschüttelt hätte. «Früher war doch bestimmt alles besser.»

Wie redete sie nur? Wie eine Siebzigjährige. Die anderen starrten sie an. Herrje, aber einer musste doch diesen Professor bespaßen. Nicht dass der sich umdrehte und zu den hundertzwei anderen Leuten ging. Dieser Hausverwalter, Herr Rümpler, stand lauernd bereit. Der hatte ja auch schon sein Fett weg von wegen treusorgendem Ehemann.

«Wer kümmert sich eigentlich um diese wunderschönen Rosen?», fragte Julia.

«Das würde ich ja so gern selbst machen!», rief Professor Haselmaus. «Aber meine Gicht schränkt mich ein. Früher hab ich alles gemacht, jetzt geht das nicht mehr. Aber was muss, das muss, nicht wahr?»

«Aber lieber Professor Haselmaus!» Julia war nun in Fahrt. «Das würden wir liebend gern übernehmen. Wir alle sind mit großen Gärten aufgewachsen und mussten immer helfen. Gerade im Herbst … das ganze Laub!»

«Ein Kreuz, das Laub, ein Kreuz.» Der Professor nickte leidend. «Mein Sohn hat mir zum Geburtstag eine Laubaufsaugmaschine für meinen eigenen Garten geschenkt, aber ich komme damit nicht klar. Das Ding macht mit mir, was es will.»

«Wir lieben Laubaufsaugmaschinen», sagte Julia euphorisch, während die anderen geschockt auf weitere Ausführungen von ihr warteten.

Nur Saskia wirkte eher erleichtert, weil sie jetzt nicht mehr diejenige war, die Mist baute.

«Das freut mich zu hören», nickte Professor Haselmaus.

In dem Moment kam Herr Rümpler angelaufen, um ihn mit sich fortzuziehen.

«Das wird ja immer schöner.» Nicole verdrehte die Augen. «Seit wann lieben wir Gartenarbeit und Laubaufsaugmaschinen, mal ganz davon abgesehen, dass ich so ein Ding noch nie in der Hand hatte?»

«Je mehr wir diesem Herrn Haselmaus versichern, dass wir das alles ganz toll finden und auch bereit sind, viel zu tun, desto eher besteht die Chance, dass wir die Wohnung kriegen.»

«Möchtest du auch aufs Dach steigen und Ziegel austauschen, und willst du, dass ich mit meiner Höhenangst den Schornstein reinige?», wollte Nicole sarkastisch wissen.

«Es geht doch nur um den Garten», rechtfertigte sich Julia.

«Ja, klar. Kleiner Finger, ganze Hand. Ich seh uns schon Bäder kacheln und Parkettböden verlegen, weil wir das so gerne machen, und für die Elektrik sind wir auch zuständig. Natürlich entkernen wir auch das ganze Haus, wenn es sein muss, und das sogar gern. Hör bloß auf, noch mehr von dem Kram zu labern, sonst dreh ich durch.»

«Dann mach's doch besser. Du hast ja noch gar nichts gesagt.»

«Das ist vielleicht auch das einzig Vernünftige.»

«Hört auf zu streiten. Wenn die das hören.» Saskia

schaute aufgeregt zu Herrn Rümpler, der mit dem Professor und einem elegant gekleideten Pärchen dastand und diskutierte. Man konnte nur die Frau verstehen, die total aufgetakelt war und dauernd rief: «Entzückend! So entzückend! Himmel, ist das entzückend! Nein, wie entzückend ist das denn?» Sie trug ein viel zu enges Kostüm und einen überdimensionalen Hut, mit dem sie die anderen dauernd anstieß. Auf der Trabrennbahn wäre sie besser aufgehoben. Während sie rief, warf sie den Kopf in den Nacken und gackerte im Anschluss in einer Stimmlage, dass man Kopfweh bekam. Herr Rümpler versuchte ständig, ihrem Hut auszuweichen, was sich aber als unmöglich erwies.

Ab und an kamen andere Interessenten und fragten den Hausverwalter irgendwelche Sachen, und dann waren alle wieder weg. Nur noch das Paar und die vier standen da.

«Was sollen wir denn jetzt machen?», fragte Saskia.

«Ihr macht gar nichts», sagte Julia barsch. «Wir warten einfach ab.»

«Aber dann kriegt die Ziege vielleicht die Wohnung», warf Saskia ein. «Oder sie köpft den Professor mit ihrem Hut.»

«Entzückend, es ist sooo entzückend!», kreischte die Aufgetakelte, warf ihren Kopf zurück und trippelte mit ihren Jimmy Choos auf dem Rasen herum, wobei sie Erdstücke herausriss.

Herr Rümpler brüllte: «Aber ja, aber ja! So entzückend!» Und der Mann zwinkerte Herrn Rümpler zu und klopfte ihm auf die Schulter.

«Lasst uns rübergehen, sonst stehen wir hier noch Ewigkeiten», meinte Kim. «So kommen wir keinen Schritt weiter.»

«Gut», sagte Nicole, und sie machten sich auf den Weg.

«Da kommt ja die Jugend.» Professor Haselmaus breitete die Arme aus.

«Sie wollten sicher gerade gehen», meinte Herr Rümpler barsch. «Sie sind sowieso die Letzten.»

«Nein, wir …»

«Ich melde mich, sobald wir uns entschieden haben», unterbrach er Julia.

«Aber es ist doch schon entschieden!», schrie die Behütete und gackerte wieder wie eine verhaltensgestörte Graugans.

«Was?» Herr Rümpler.

«Na, dass wir die Wohnung bekommen.» Die Ziege bückte sich, um einen Erdklumpen von ihrem Schuh zu entfernen. «Schrecklich, dieser Garten», murmelte sie und fiel fast um. Kim und Saskia glotzten fasziniert auf ihren dicken Hintern und hofften, dass der Stoff reißen würde, was er aber leider nicht tat. «Papa-Bär, das kommt alles weg, oder?» Damit meinte sie ihren Mann, dem das ein bisschen peinlich zu sein schien. Aber er nickte, wurde allerdings rot dabei.

«Mir liegt nichts an diesem Grünzeug, das macht viel zu viel Arbeit», lamentierte sie weiter. «Und auf Läuse und anderes Ungeziefer kann ich verzichten. Was es da nicht alles gibt. Maulwürfe, Ohrenkriecher, Hornissen und Bremsen. Als Kind bin ich mal mehrfach von einer Bremse gestochen worden, das war kein Spaß. Es heißt ja sogar: Drei Bremsenstiche töten ein Pferd.»

Am liebsten hätte Nicole gesagt: «Dann müssten Sie ja schon längst tot sein», zwang sich aber, die Klappe zu halten.

Herr Rümpler schaute auf seine Uhr. «Ich muss dann

langsam mal los. Es ist ja alles geklärt. Da vorne ist der Ausgang.» Er deutete auf die Gartenpforte.

«Was heißt das?» Saskia hatte kurz überlegt, ob dies eine Frage war, mit der sie wieder viel kaputtmachen konnte, war aber zu dem Schluss gekommen, dass sie unverfänglich war und die anderen ihr das nicht zum Vorwurf machen könnten.

«Das heißt, dass unsere Unterredung beendet ist», wurden sie alle vier von Herrn Rümpler informiert, der langsam nervös wurde.

Die Hutfrau sagte: «Eure Eltern warten bestimmt schon auf euch. Bald ist es dunkel.» Und dann lachte sie wieder so blöde, dass Nicole ihr am liebsten die Stimmbänder durchtrennt hätte.

«Passen Sie mal besser auf, dass dem kleinen Papa-Bär nichts passiert», kam es süßsauer von Kim, von der man so etwas gar nicht gewohnt war. Sie war ziemlich schüchtern und redete eigentlich immer nur, wenn sie sich um jemanden sorgte. Dafür wusste sie alles über die neuen Modehighlights der Saison und welcher Promi gerade was trug und warum. Sie fand Verona Pooth unmöglich und Paris Hilton auch, hatte allerdings ein Faible für Carla Bruni und das jeweilige Germany Top Model, wobei sie die flachen Ballerinas von Carla doof und die High Heels der Models super fand. Sie hätte auch wahnsinnig gern Designerkleidung getragen, zumal sie sich das leisten konnte, da ihre Eltern ziemlich viel Kohle hatten, aber die meisten Designer machten ja nur Mode für drei Meter große und zwei Kilo schwere Frauen, und Kim haderte, seit sie denken konnte, mit ihrem Gewicht und war ziemlich pummelig, was ihr aber gut stand, wie die anderen fanden. Kim fand das selbstverständlich nicht.

Herr Rümpler ging gar nicht auf Kims Worte ein. Ihm war offenbar am wichtigsten, dass die vier sich aus dem Staub machten. Aber da mischte sich Professor Haselmaus ein: «Klar ist hier im Moment noch gar nichts», sagte er. «Letztendlich ist es ja wohl meine Entscheidung, wem ich die Wohnung vermiete.»

«Aber wir hatten doch abgesprochen, dass ich das mache.» Nun wurde der Hausverwalter rot. «Ich hab das ja auch immer gemacht. Sie waren auch jedes Mal zufrieden.»

«Nicht immer, Herr Rümpler, nicht immer. Erinnern Sie sich bitte an diesen Mann, der jahrelang mit Eskimos in Iglus gelebt hat und dem deswegen ständig kalt war. Dieser Forscher, wie hieß er noch? Egal. Ich meine den, der in der Wohnung ein Lagerfeuer machte. Die Brandschutzversicherung hätte damals fast nicht bezahlt, und der Mieter über ihm ist aus dem Fenster gesprungen und hat sich beide Beine gebrochen. Oder diese Frau, die angeblich allergisch gegen Sauerstoff war und die ganze Hausgemeinschaft durcheinandergebracht hat, weil sie alle dazu bringen wollte, nicht mehr zu atmen. Schön war das nicht, Herr Rümpler, schön war das nicht.»

«Aber das Ehepaar Spröttel ist doch ganz anders», verteidigte Herr Rümpler panisch seine Entscheidung, während das Pferd und Papa-Bär ihn böse anstarrten. «Sie zündeln nicht und haben auch keine Angst vor Sauerstoff.»

Nun wurde Professor Haselmaus trotzig. «Woher soll ich das wissen? Das steht nie in diesen Fragebögen, die die Interessenten ausfüllen müssen. Da steht immer das, was einen nicht interessiert.» Er überlegte. «Zum Beispiel, ob sie verheiratet sind oder nicht. Was interessiert mich, ob Leute verheiratet sind oder einfach so zusammenleben, oder auch nicht? In diesen Fragebögen steht nie, ob die Leute eine Altbauwohnung auch wirklich zu schätzen wissen oder ob sie einen grünen Daumen haben. Oder ob sie es gut finden, dass es hier Gasherde gibt.»

«Das tut doch gar nichts zur Sache.» Nun wurde Herr Rümpler pampig.

«Und junge Dinger passen doch gar nicht hierher», sagte Papa-Bär und schaute die Pferdefrau an.

«Ach, ich bin also alt?», fragte sie pikiert.

«Aber nein.» Papa-Bär versuchte die Kurve zu kriegen. «Du bist mein Herzschlag, meine Muse.»

«Ich kotze gleich im Strahl», flüsterte Saskia, himmelte aber dabei Herrn Rümpler an. «Gasherde üben eine wahnsinnige Anziehungskraft auf mich aus», tschilpte sie los. «Das beruhigende Flackern und die warme Atmosphäre. Ach, es ist mit nichts zu vergleichen.»

«Sicher meinen Sie Kamine», sagte Herr Rümpler, der nun so rot im Gesicht war, dass er als Kirschtomate durchgehen könnte.

Saskia biss sich mal wieder auf die Lippen und sagte «Äh» und dann gar nichts mehr. Außerdem hatte sie Angst vor ihren zukünftigen Mitbewohnerinnen. Sie sahen so aus, als würden sie am liebsten mit glühenden Schwertern auf sie losgehen.

Herr Rümpler trat einen Schritt nach vorn und glotzte alle Mädels nacheinander böse an. «Ich möchte, dass Sie gehen. Sofort. SOFORT! Der alte Herr kann Aufregung nicht verkraften. Und Sie regen ihn auf. SIE REGEN IHN AUF! Wollen Sie schuld daran sein, dass er einen Herzanfall bekommt und hier im Garten kollabiert? Ja? Ja? Ja?»

«Ich kollabiere nicht, Herr Rümpler», ließ der Professor ihn wissen. «Ich kollabiere schon lange nicht mehr. Ich rege mich auch schon lange nicht mehr über etwas auf, wahrscheinlich kollabiere ich deswegen nicht, möglich ist es. Ich bin ganz entspannt, Herr Rümpler, so entspannt war ich noch nie.»

«Das merke ich», sagte der Hausverwalter. «Und ich bin ehrlich: Es irritiert mich. Was ist los mit Ihnen?»

Nun wuchs Professor Haselmaus einige Zentimeter vor lauter Stolz. «Daran ist die SgfJ schuld», verkündete er so, als habe er gerade erzählt, dass er das mit der Erderwärmung in den Griff bekommen hätte.

«Die SgfJ?», fragten alle Anwesenden im Chor.

«O ja.» Er bückte sich und zupfte ein wenig Unkraut aus einem der Beete. «Meine Seniorengruppe für Junggebliebene. Wir halten uns gegenseitig auf Trab und geben uns wertvolle Tipps, auf die wir selbst gar nicht kommen würden. Der Herr Waldemann zum Beispiel, der ist, bevor er zu uns gestoßen ist, immer um sieben Uhr abends schlafen gegangen, obwohl er das gar nicht wollte. Und wissen Sie, was wir ihm geraten haben?»

Er schaute beifallheischend in die Runde. Bevor jemand antworten konnte, gab er schon die Antwort: «Wir sagten, Alwin, also, er heißt Alwin mit Vornamen, dann geh doch einfach nicht um sieben ins Bett. Bleib doch länger wach. Und seitdem bleibt Alwin bis in die Puppen wach. Und Frau Rameling mag keine Schwarzwurzeln, sie isst jetzt einfach keine mehr, sondern ist auf Rosenkohl und Porree umgestiegen. Einfach so. Diese Gemüsesorten mag sie. Es war ganz einfach. Sind das nicht unglaubliche Geschichten?»

Papa-Bär, seine Pferdefrau und Herr Rümpler sagten nichts, sondern starrten ihn nur an.

Julia räusperte sich. «Herr Professor», sagte sie dann.

«Warum sind Sie mir nicht früher begegnet? Ich hasse Schwarzwurzeln auch. Genau wie Frau Rameling. Jetzt habe ich die Lösung für dieses grauenhafte Problem gefunden.»

«Dabei ist alles so einfach», freute sich der Professor. «Sie müssen mal mitkommen in die Gruppe. Wenn Sie eine Stunde bei uns waren, sehen Sie in nichts mehr ein Problem. In gar nichts mehr. Man sollte uns mal in die Politik gehen lassen. Da gäbe es keine Kriege mehr.» Und dann verdrehte Professor Haselmaus die Augen und fiel der Länge nach hintenüber um.

vier

«Um Himmels willen», kreischte die Hutfrau los und fächerte sich mit dem Handrücken Luft zu, obwohl sie sich ja draußen befanden und es auch gar nicht schwül war. «Ist er jetzt tot, Ludwig, ist er jetzt tot?» Sie sah Herrn Rümpler, der also offenbar Ludwig hieß, mit einer Mischung aus Entsetzen und Erleichterung an. «Wie dumm! Dabei ist der Mietvertrag noch nicht mal unterzeichnet.»

«Sie haben ja wohl einen Riss in der Schüssel!» Nicole kniete neben Professor Haselmaus und überlegte verzweifelt, wie das mit der stabilen Seitenlage funktionierte. Sie hatte doch diesen verflixten Erste-Hilfe-Kurs für die Führerscheinprüfung machen müssen, erinnerte sich aber nur noch an eine weiße Puppe, die man beatmen musste, was sie persönlich widerlich fand, weil die

Puppe schon von so vielen beatmet worden war. Professor Haselmaus musste auch gar nicht beatmet werden, er röchelte ja noch vor sich hin. Wahrscheinlich war es wieder das Herz. Da nutzte auch die Seniorengruppe nichts.

«Wie können Sie so etwas sagen?», fuhr Nicole die Pferdefrau nun wieder an, die blöde dastand und auf den Professor glotzte. «Das mit dem Mietvertrag ist doch jetzt so was von egal.»

«Mir nicht.» Sie rückte ihren bekloppten Hut zurecht. «Der Mietvertrag geht vor. Hast du eine Vollmacht, Ludwig?»

«Nein!», blaffte Herr Rümpler zurück. «Er will immer noch das letzte Wort haben.»

«Ich kann ihn so gut verstehen», sagte Kim mit einer zuckersüßen Stimme. «So gut.»

«Jetzt holen Sie doch einen Arzt, oder soll ich das machen?», fragte Nicole.

«Was ist mit dem Mietvertrag?», fragte Papa-Bär. «Ludwig, du kennst unsere Abmachung.»

«Jetzt nicht», sagte Ludwig böse. «Später.»

«Nein, jetzt», widersetzte sich Papa-Bär den Anweisungen. «Du hast fünftausend Euro von mir bekommen.»

«Von mir, um ganz ehrlich zu sein.» Die Pferdefrau.

«Ach, so läuft das.» Nun wurde Nicole alles klar.

«Das geht euch gar nichts an, wie das läuft», wurde sie von Papa-Bär gemaßregelt.

«Und jetzt raus hier. Weg von diesem Grundstück.» Herr Rümpler machte diese verzweifelten Handbewegungen eines Landwirts, der uneinsichtige und bockige Ziegen in den Stall treiben will.

«Nein.» Eine Stimme erklang vom Boden, und Professor Haselmaus stand ächzend auf. «Ich lasse mich manchmal fallen», erklärte er. «Früher bin ich oft umgekippt, und ich habe Angst, dass mein Körper das nun schon so gewohnt ist, dass er barsch reagiert, wenn ich es nicht hin und wieder noch tue. Aber mir geht es gut, falls jemand fragen wollte. Ich mache das nur rein vorsorglich. Also …» Er klopfte sich etwas Erde von der Hose. «Dann wollen wir mal zu mir rübergehen und den Mietvertrag unterschreiben.» Er sah die Pferdefrau freundlich an, die natürlich «Entzückend, entzückend!» brüllte und mit ihrem Hut wackelte.

Saskia blickte traurig auf den Boden. Kim, Nicole und Julia schauten einfach nur entsetzt.

«Da drüben geht's raus», sagte Professor Haselmaus und deutete auf die Gartenpforte. Die vier trotteten im Gänsemarsch los.

«Nein, nicht Sie», sagte Professor Haselmaus und sah Papa-Bär und seine Frau an. «Sie meine ich. Nein …», wiegelte er den Versuch von Herrn Rümpler zu protestieren ab. «Ich möchte kein Wort mehr hören. Gar nichts.»

«Sie werden schon sehen, was Sie davon haben.» Der Hausverwalter überlegte fieberhaft. «Das wird hier ein Drogenumschlagplatz, und die Miete wird auch nicht gezahlt, das garantiere ich Ihnen. Die werden alles verwüsten, bestimmt besprühen sie die Wände mit diesen Graffiti, wie man das in U-Bahn-Stationen manchmal sieht. Und sie werden bis mittags in den Federn liegen und nie putzen. Bald werden Kakerlaken kommen, und in der Dusche wohnen Silberfische.»

«Sie haben vergessen, dass wir hier ein Bordell aufmachen wollen, Herr Rümpler», fügte Saskia freundlich hinzu. «Und wir wollten Kampfhunde züchten, nur so siebzehn, achtzehn. Ach so, und wir haben alle feste Freunde. Meiner kommt aus der Bronx und mag keine weißen Männer. Er schlägt jedem, den er sieht, die Zähne aus. Und der Freund von Nicole muss sich erst noch eingewöhnen. Er war neun Jahre lang wegen sechsfachen Mordes im Gefängnis. Aber nun konnte er flüchten. Jetzt mordet er nicht mehr, sondern ist bei dieser sogenannten Rosenmafia tätig. Sie wissen schon, das sind diese Herren, die gern abends durch die Kneipen laufen und Rosen zu horrenden Preisen verkaufen. Ein lukratives Geschäft. Ach ja, der Freund von Kim, Bronko, kommt aus dem Baltikum und schmuggelt Bärenfelle. Dafür geht er über Leichen. Vergessen Sie das alles bitte nicht, Herr Rümpler.»

«Sehen Sie!», rief Professor Haselmaus erfreut. «So etwas sollte in den Fragebögen stehen. So etwas ist doch interessant. So lernt man doch etwas über seine neuen Mieter. Und nun kommen Sie.»

Die vier folgten ihm durch den Garten, und die Pferdefrau und Papa-Bär blieben wütend stehen und wünschten sich, der Professor würde nochmal umfallen, aber diesmal für immer.

Dann fing die Hutfrau an, auf ihren Mann einzuschimpfen, der zusehends kleiner wurde. «Ich werde nie, NIE geeignete Räume für meine Schrei- und Aggressionsabbauseminare finden», keifte sie herum. «Dabei hat Ludwig gesagt, das sei alles kein Problem, und er hat es im Griff. Nichts hat er im Griff. Gar nichts.»

«Hör auf zu schreien», sagte Papa-Bär resigniert. «Was sollen denn die Nachbarn denken?»

«Hereinspaziert», sagte Professor Haselmaus fröhlich. «Hier, ich habe Gästehausschuhe, clever, was? Dann muss der Flurboden nicht so oft gefeudelt werden. Meine Frau hat es nämlich im Rücken. Aber sie klagt nicht, sondern sagt, es könnte auch schlimmer kommen. Gehen Sie ins Wohnzimmer. Meine Frau hat Kuchen gebacken. Lecker, lecker. Dort entlang.»

Sie liefen über einen langen Flur, der mit Teppichboden ausgelegt war, und Saskia fragte sich, warum man den Teppich feudeln musste, verzichtete aber darauf, zu fragen. Erst musste dieser Vertrag unter Dach und Fach sein, dann konnte man immer noch Fragen stellen. Das fehlte noch, dass sie in letzter Minute alles zunichtemachen würde. Man würde sie teeren, federn und vierteilen und womöglich danach ihren Kopf abtrennen und als Warnhinweis aufspießen und an einer Brücke längs der Elbe befestigen, so wie man das damals angeblich mit Störtebeker gemacht hatte. Und trotz allem, was war: So wollte sie nicht enden.

Schließlich betraten sie ein geräumiges Wohnzimmer. Die Wände schmückten unzählige Gemälde, von der Decke hing ein Kristalllüster, und am Fenster saß eine filigrane alte Dame in einem Rokokostühlchen an einem Rokokotischchen und strahlte sie an. Sie hatte schlohweiße Haare, wog geschätzte vierzig Kilo und trug ein sandfarbenes Seidenkostüm und haufenweise Perlenketten, die sehr schwer zu sein schienen; die Dame hatte Mühe, aufrecht zu sitzen.

«Das sind unsere neuen Mieter, Dorothea», sagte Professor Haselmaus und ging auf seine Frau zu, um ihr übers Haar zu streichen. «Es sind vier.»

«Was?», fragte Dorothea.

«Nehmen Sie doch Platz.» Der Professor deutete auf weitere Stühlchen.

Julia zögerte. Sie hatte Angst, dass die Puppenstühle

einfach so zerbrechen könnten. Vorsichtig setzten sich alle. Die Stühle brachen nicht. Der Professor eilte in die Küche und kam mit einem riesigen Tablett zurück, auf dem sich vier komplette Kuchen und Torten, Tassen und eine Kanne befanden. Dorothea saß einfach nur da und begutachtete den Besuch.

«Trinken Sie Tee?», fragte er, und alle nickten. «Kaffee verträgt Dorothea nämlich nicht. Der Magen.» Den letzten Satz sagte er sehr leise. Er beugte sich zu Saskia vor und schüttelte leicht den Kopf. «Aber sie will davon nichts hören. Also sage ich, dass *ich* es mit dem Magen hätte. Verstehen Sie?»

«Sicher.» Saskia nickte. «Das muss schlimm sein. Ich …»

«Saskia», sagte Nicole mit einem drohenden Unterton. «Möchtest du keinen Tee?»

«Doch, natürlich», sagte Saskia schnell und nickte noch einmal.

Der Professor goss Tee in die Tassen. «Ist das nicht ein schöner Tag?», fragte er zufrieden. «Ich bin sehr zufrieden mit meiner Wahl. Nicht wahr, Dorothea?»

«Was?», fragte seine Frau und deutete auf die Mädels.

«Die neuen Mieterinnen», wiederholte ihr Mann. «Nun frohlocke, Dorothea, frohlocke.»

«Was?»

«*Neue Mieterinnen*. Fürs Mietshaus. Die Schmidts sind doch ausgezogen. Und jetzt zieht wieder jemand ein.»

«Was?»

«Na, diese jungen Damen hier.»

«Was?»

Er schüttelte wieder den Kopf. «Probieren Sie doch bitte die Backwaren. Der Marmorkuchen meiner Frau ist eine Wucht. Ihre Schwarzwälder Kirschtorte auch. Da hätten wir auch noch eine Mailänder Makronentorte und einen Bienenstich. Alles selbstgemacht. Da kann jede Konditorei in Hamburg noch was lernen.» Er schnitt die Kuchen an und platzierte auf jedem Teller vier verschiedene Stücke. «Wir selbst dürfen nicht. Der Arzt hat uns verboten, so süß zu essen. Wegen des Zuckers. Zucker ist ja süß. Aber wir freuen uns, wenn es Ihnen schmeckt.»

«Was?», fragte Dorothea Haselmaus.

Kim stellte sich die Frage, wie sie es schaffen sollte, diese vier Kuchenstücke aufzuessen, und sah den anderen an, dass sie mit dem gleichen Problem kämpften, steckte sich aber gehorsam ein Stück des Marmorkuchens in den Mund, der so hart war wie ein Dachziegel, und kaute darauf herum. Die anderen machten es ihr nach. Keine von ihnen brachte es fertig zu schlucken.

«Ist der Kuchen ein Gedicht oder nicht?» Professor Haselmaus.

«Was?» Dorothea.

«Greifen Sie zu, ich bitte Sie! Junge Leute sind doch immer hungrig. Ich wäre froh gewesen, wenn es bei uns früher so was gegeben hätte. Da gab es Fleisch nur sonntags.»

«Unglaublich», murmelte Nicole verzweifelt und wünschte sich, dass der harte Kuchen endlich weich würde.

«Und im Krieg, das war so schlimm. Wenigstens hatten wir frische Milch. Von unserer Kuh. Die haben wir versteckt, im Keller. Vor lauter Aufregung hat sie ein paar Tage lang keine Milch gegeben, weil wir sie durch eine Falltür hinuntergeworfen haben, aber dann ging es wieder. Das waren Zeiten. O ja.»

Saskia sagte: «Das muss herrlich gewesen sein!» Und

überlegte verzweifelt, wie sie die beiden davon überzeugen konnte, dass ihr Magen nur eine bestimmte Größe hatte, aber ihr fiel nichts ein.

Nicole stellte ihren Teller auf das kleine Tischchen, wonach gar nichts mehr darauf passte, weil die Teekanne und die restlichen Kuchen schon den ganzen Platz einnahmen.

«Wir dürfen leider nicht so viel Kuchen essen», erklärte sie Professor Haselmaus leidend. «Wir … wir haben eine Laktose-Intoleranz.»

Was redete sie da?

«Was?», fragte Dorothea.

«Eine schlimme Sache.» Er nickte. «Ich bin allerdings auch manchmal intolerant. Aber früher war es schlimmer. Jetzt hat mich die Gicht im Griff. Da ist alles andere nebensächlich. Ich sage es Ihnen, wenn eine Krankheit da ist, dann lässt die nächste nicht lange auf sich warten. Das ist mit den Krankheiten wie mit den Kindern. Wir haben sechs davon.»

«Sieben», sagte Dorothea, was ein erschrockenes Aufkeuchen der neuen Mieterinnen zur Folge hatte. Sie waren das «Was?» nun schon gewohnt, aber mit «Sieben» mussten sie erst mal klarkommen.

«Sie meint unsere Katze», sagte der Professor. «Sie sieht die Katze als Kind an. Nun ja, wenn Sie also intolerant sind, dann lassen Sie uns mal zur Tat schreiten.» Er öffnete eine Schublade am Tischchen und zog den Mietvertrag raus. «Ich habe schon unterschrieben. Aber lesen Sie sich doch bitte in Ruhe alles durch.»

Die vier strahlten ihn stolz an. Das war der allererste Vertrag in ihrem Leben, den sie selbst und in Eigenverantwortung unterzeichnen würden. Wie gut es doch war, endlich volljährig zu sein!

«Ach, Herr Professor, wir vertrauen Ihnen», sagte Nicole fröhlich und setzte ihren Namen dorthin, wo er ein Kreuzchen gemacht hatte. Die anderen nahmen den Kugelschreiber und taten es ihr nach. Danach war für nichts mehr Platz. Der Professor nickte zufrieden und riss die Kopie für die Mieter ab. «Ich freue mich sehr», sagte er.

«Und wir erst!», riefen sie im Chor. Dann nahmen sie feierlich die Schlüssel entgegen. Sie könnten gleich einziehen, wenn sie wollten, sagte der Professor. Das sei alles gar kein Problem. Nur die Wände, die könnten einen neuen Anstrich vertragen.

fünf

«Wir haben eine Wohnung, eine Wohnung, eine Wohnung!» Kim tanzte auf der Straße herum und umarmte ihre Freundinnen der Reihe nach. «Ist das toll! Ich meine, es ist natürlich nicht toll, dass die Frau vom Professor ziemlich vergesslich ist, aber …»

«Das nennt man dement», sagte Julia würdevoll.

«Ja, ja, dann eben so. Wie gesagt, das tut mir leid», schwabbelte Kim weiter. «Jedenfalls werden wir es uns so richtig gemütlich machen. Und das mit dem Streichen ist auch kein Problem. Wir werden ja wohl ein bisschen Farbe an die Wände klatschen können.»

«Klar», sagte Saskia. «Und der schöne Garten. Wir könnten Terrakottatöpfe aufstellen, so wie die das in den Wohnzeitschriften immer machen. Dann kann ich selbst

Gewürze ziehen und vielleicht Schokolade mit Chilischoten kreieren oder so. Ach, ich kann's kaum erwarten!»

«Wir müssen noch so viel planen und organisieren.» Das war wieder Julia. «Wann wollen wir das machen?» Sie trippelte aufgeregt vor den anderen herum. «Nicole, jetzt sag doch auch mal was. Freust du dich denn nicht?»

«Na ja», sagte Nicole gedehnt. «Ich glaube, wir haben was ziemlich Wichtiges vergessen.»

«Was denn?» Julia wedelte mit dem Mietvertrag vor ihrer Nase herum. «Es ist alles geregelt!»

«Das meine ich nicht», sagte Nicole. «Aber vielleicht hätten wir uns die Wohnung vorher einfach mal anschauen sollen.»

Ungefähr eine Minute lang sagte keine ein Wort. Sie standen da und sahen sich sprachlos an.

Und plötzlich prustete Saskia los. «Das dürfen wir keinem sagen, hört ihr, niemandem!» Sie wurde richtig hysterisch. «O mein Gott. Wenn ich das meiner Mutter erzähle, die bringt mich um.»

«Das kann doch nicht wahr sein», sagte Kim dauernd. «Das kann doch nicht wahr sein.» Sie sprang nun nicht mehr herum, sondern stand da wie einbetoniert. «Erst muss ich wegen diesem Kuchen fast kübeln, und jetzt stellt sich noch raus, dass ich sogar für eine Wohnungsbesichtigung zu blöde bin.»

«Kommt her. Ganz nah», befahl Nicole. «Die rechte Hand nach vorn und schwören. Alle Hände übereinander. So wie immer.» Drei Hände schossen nach vorn, legten sich übereinander, und sie legte ihre drauf. «Niemals wird das jemand erfahren. Niemals. Wir schwören. Bei drei. Eins, zwei … drei.»

«Wir schwören», kam es synchron aus vier Mündern.

«Gut», sagte Nicole dann. «Und jetzt schauen wir uns die Wohnung an.»

Die anderen nickten und machten sich auf das Schlimmste gefasst. Langsam gingen sie zurück zum Mietshaus. Herr Professor Haselmaus hatte es vorgezogen, nicht in diesem zu wohnen, sondern ein geräumiges Einfamilienhaus um die Ecke käuflich zu erwerben.

Sie gingen auf das Haus zu, öffneten die kleine Gartenpforte und standen vor der Eingangstür aus Holz, die wunderschön gearbeitet war und ein Fenster aus Bleiglas hatte. Die Tür war nur angelehnt. Andächtig stiegen sie die kleine Steintreppe hoch und bewunderten die maritimen Wandmalereien rechts und links. Und dann war er da, der große Moment.

Nicole steckte den Schlüssel in die Tür, drehte ihn, und sie gingen rein.

Und schlossen vor lauter Angst die Augen.

«Nein!», rief Saskia, die es als Erste gewagt hatte, die Augen wieder aufzumachen. «O nein! Jetzt schaut doch mal. Los, los!»

Nicole blinzelte, Kim tat es ihr nach, und auch Julia wollte, dass der grauenhafte Moment schnell vorbei war. Sie riss die Augen auf. Dann standen alle vier da und schwiegen.

«Unglaublich», flüsterte Kim fassungslos und griff nach Nicoles Hand, um sich festzuhalten.

Vor ihnen befand sich der große, langgezogene Flur, in den aus den angrenzenden Zimmern das Sonnenlicht strahlte. Der alte Parkettboden glänzte, und wenn man nach oben schaute, konnte man sehen, dass sich hier ein Stuckateur vor über hundert Jahren sehr viel Mühe gegeben hatte. Sie gingen Hand in Hand andächtig in jeden Raum. In allen befanden sich große Sprossenfenster mit verschnörkelten Messinggriffen, und im größten Zimmer stand sogar ein alter, dunkelgrüner Kachelofen, der bis zur Decke reichte.

«Hier mache ich uns im Winter Bratäpfel mit Marzipan», keuchte Saskia, die schon immer ein Faible für die süßen Dinge des Lebens hatte und es kaum erwarten konnte, ihre Ausbildung zur Konditorin zu beginnen. Ihre Zukunftspläne standen fest: Nach der Lehrzeit würde sie eine eigene kleine Patisserie aufmachen. In den Jahren der Ausbildung wollte sie sparen, sparen und nochmals sparen. Aber noch war es nicht so weit. Erst einmal musste sie die Ausbildung beginnen. Sie freute sich so darauf wie andere auf eine Weltreise oder einen Lottogewinn.

Für alle vier würde bald der «Ernst des Lebens», wie es die Eltern immer so schön sagten, beginnen. Die blonde, zierliche und relativ ruhige Julia würde diverse Praktika bei Ärzten machen – sie hatte sich für das Medizinstudium eingeschrieben, würde aber erst im nächsten Jahr einen Platz bekommen, die romantisch veranlagte Kim hatte beschlossen, Radiomoderatorin zu werden, und hatte eine Volontariatsstelle beim angesagtesten Radiosender der Stadt ergattert, und Nicole hatte erst vor wenigen Tagen ihre Bewerbung bei der Polizeischule eingereicht.

Sie blickten alle zusammen genauso optimistisch in die Zukunft wie in die einzelnen Zimmer der Wohnung.

Sie war perfekt. Einfach maßgeschneidert für sie. Es

war nicht zu glauben. Die weißen Holztüren mit den Milchglasscheiben! Das geräumige Badezimmer mit Wanne! Und die Küche war so riesig, dass man einen großen Tisch würde hineinstellen können. Kim sah es schon vor ihrem inneren Auge – die Kerzenständer, romantische Musik, dazu Spaghetti bolognese.

Es war eine Einbauküche, was für Hamburg untypisch war, da die meisten Wohnungen ohne ebendiese angeboten wurden. Und, das Tollste von allem: Da war sogar ein Geschirrspüler. Es war einfach nicht zu fassen, zu schön, um wahr zu sein. Aber es war die Wahrheit.

Es gab zwei Klos, noch einen Abstellraum für Staubsauger und ähnliche Dinge, und von dem großen Zimmer mit dem Kachelofen führte eine Tür direkt auf die Terrasse aus Sandstein, von dort ging eine Treppe runter in den Garten. Der Professor hatte noch erzählt, im kleinen Geräteschuppen links würden sich die ganzen Gartengeräte wie Rasenmäher und Rechen befinden, er käme aber auch gern noch einmal vorbei, um alles zu erklären.

Es war einfach perfekt. Genau so, wie sie es sich erträumt hatten.

«Kommt her zu mir», befahl Nicole, und alle taten, was sie gesagt hatte.

«Es bleibt doch alles so wie besprochen?», fragte Nicole ernst. «Keine Männer. Okay?»

«Keine Männer», wiederholten die anderen und legten wieder nach und nach die Hände übereinander. «Wir schwören.»

Dieser Schwur fiel ihnen nicht wirklich schwer.

Julia war zwei Jahre mit ihrer großen Liebe Marius zusammen gewesen, aber der hatte sie nach dem Abi ganz kurzfristig und nebenbei vor vollendete Tatsachen gestellt und ihr mitgeteilt, dass er zum Studieren ins Ausland gehen wollte.

Kims Exfreund Lukas war ein Spießer gewesen, der sein komplettes Leben mit ihr plante, aber gleichzeitig ein Geizhals war. Sie hatte vor kurzem Schluss gemacht, und seitdem ging es ihr besser.

Saskia hatte mal hier und da eine lose Beziehung gehabt, aber sobald es ernst wurde, machte sie einen Rückzieher. Sie dachte nicht daran, sich festzulegen.

Und für Nicole war Verknalltsein überhaupt kein Thema. Sie wollte keinen Freund, sondern erst mal ihr Leben genießen. Wenn sie sich die Dramen ansah, die sich um sie herum abspielten, war das für sie die einzig richtige Entscheidung. Lust auf Liebeskummer hatte sie genauso wenig wie auf die Tatsache, sich vor irgendeinem Hanswurst rechtfertigen zu müssen, wenn sie sich mit Freundinnen traf.

«Wo ist hier der Haken?», fragte Julia irgendwann, weil sie es wie die anderen einfach nicht glauben wollte. Sie war sehr vorsichtig und befürchtete hinter allem, was gut war, grundsätzlich erst mal etwas Schlechtes, aber wenn sich dann herausstellte, dass sie sich irrte, konnte sie das Schöne in vollen Zügen genießen.

«Es gibt keinen Haken.» Saskia schüttelte den Kopf. «Es sei denn, in den Wänden wurden mal irgendwann Leute einbetoniert, oder das Grundwasser ist vergiftet. Oder hier im Haus wohnt ein Mörder, der schon seit Jahren davon träumt, vier Achtzehnjährige auf einmal zu meucheln. Was meinst du, Nicole, wollen wir das deinen Eltern erzählen?»

«Unbedingt», sagte Nicole zu Saskia. «Aber jetzt mal im Ernst. Du hast recht, Püppi. Es gibt keinen Haken.»

«Doch.» Sie befanden sich gerade im zukünftigen Wohnzimmer, und Julia deutete durch die Terrassentür nach draußen in den Garten. «Hatte Professor Haselmaus nicht gesagt, dass der Garten eine Menge Arbeit macht?»

«Stimmt.» Nicole schnappte sich den Mietvertrag und blätterte durch die Seiten. «Das ist doch unser Garten. Und was macht dann dieses Kind da draußen?»

Im Garten stand eine ungefähr Sechsjährige und versuchte, sich mit einem Hula-Hoop-Reifen umzubringen; jedenfalls sah es so aus. Tatsache war, dass das Mädchen mit dem Reifen nicht zurechtkam. Verzweifelt ließ sie die Hüften kreisen, aber der Reifen fiel immer nach ein paar Sekunden auf den Rasen.

Julia öffnete die Tür und ging nach draußen; die anderen folgten ihr.

«Hallo!» Julia ging die fünf Treppenstufen hinunter in den Garten und blieb vor dem Mädchen stehen. «Was machst du denn hier?»

«Das ist eine ziemlich bescheuerte Frage», konterte das Mädchen halb genervt. «Ich übe für die Tanzaufführung.»

«Aha», sagte Julia freundlich. «Und wer bist du?»

«Ich gehöre zur Spezies der Homo sapiens», klärte das Mädchen sie auf und warf gekonnt ihre langen, blonden Haare zurück. «Wir alle tun das.»

«Was? Für die Tanzaufführung üben?»

«Nein. Wir alle gehören zur Spezies der Homo sapiens.»

«Interessant», antwortete Julia. «Aber musst du denn für diese Aufführung in diesem Garten üben?» Sie bemühte sich, konsequent und unbarmherzig, eben wie eine erwachsene Frau zu klingen, die Lebenserfahrung hatte und die Verpflichtung, Jüngeren etwas beizubringen oder sie auf Fehler aufmerksam zu machen, die man erst im hohen Alter als solche erkannte. Also eben in dem Alter, in dem sie gerade war.

«Ja, klar», sagte das Mädchen und hob zum tausendsten Mal den bunten Reifen auf. Dann begann sie wieder zu üben. Das Thema schien für sie abgeschlossen zu sein.

«Nelli!» Eine Stimme erklang über ihnen.

Kim, Saskia und Nicole, die immer noch auf der Terrasse standen, hoben die Köpfe. Aus einem Fenster im ersten Stock lehnte eine Frau, bei der es sich ganz offenbar um die Mutter der Tänzerin handelte.

«Ja, Mama, was ist denn?»

«Bring doch ein paar Rosen mit hoch. Am besten weiße. Die anderen sind noch nicht so weit.»

«Okay.»

«Guten Tag», rief Julia nach oben.

«Ach, hallo!» Die Frau winkte freundlich nach unten. «Ich nehme an, ihr seid die Neuen von unten.»

«Das ist richtig», sagte Julia immer noch freundlich, während Nelli sämtliche weiße Rosen abbrach, die der eine Strauch zu bieten hatte.

«Das ist ja reizend. Kommen Sie doch auf eine Tasse Tee hoch», freute sich Nellis Mutter. «Dann können Sie mir gleich noch ein paar von den rosa Rosen mitbringen. Ich sehe gerade, dass da auch schon welche blühen. Rosa und weiß, das passt gut.»

‹Das kann ja wohl nicht wahr sein›, dachte Julia zornig. ‹Natürlich werde ich ihr keine rosa Rosen mit hochbringen. Die hat ja wohl einen Sockenschuss.› Sie sah ihre drei Mitstreiterinnen an, und dieser Blick besagte: ‹Wehe, ihr tut das!›

Gemeinsam mit Nelli, die man vor lauter Rosen gar nicht mehr richtig sah, gingen sie hoch in den ersten Stock. Julia beschloss, nicht gleich mit der Tür ins Haus zu fallen. Gute Nachbarschaft war schließlich immens wichtig, und sie wollte es sich nicht sofort mit den ersten Mietern verderben. Trotzdem musste dieser Frau klargemacht werden, dass ab sofort Schluss war mit der Selbstbedienung im Garten, ob es nun Übungen für Tanzaufführungen betraf oder Rosen. In welcher Farbe auch immer.

«Jetzt guck doch nicht so», flüsterte Kim Julia zu. «So schlimm ist das jetzt auch wieder nicht, dass das Mädchen im Garten spielt. Sie hat ja den Rasen nicht vertikutiert, oder?»

«Wenn sie das machen würde, hätte ich auch nichts gesagt», lautete Julias pampige Antwort. «Auch nicht, wenn sie den Rasen mähen, den Schuppen anstreichen oder Unkraut jäten würde. Aber es geht ums *Prinzip*. Gerade Kindern muss man frühzeitig Grenzen setzen.»

«Sag mal, bist du ihre Großmutter oder was?», fragte Kim leicht angesäuert. «Du redest wie eine alte Schachtel, dabei bist du gerade mal ein paar Jahre älter.»

«Tu mir einen Gefallen und sei jetzt still.»

«Ist ja gut.»

Nellis Mutter stand an der Wohnungstür. «Ach, ach, wieder neue Gesichter. Ich bin Christine Reinhardt, hallo, hallo, hallo, hallo.» Sie schüttelte allen nacheinander die Hände. «Ach, die Rosen.» Sie nahm ihrer Tochter die Blumen ab. «So schöne bekommt man in keinem Laden. Und wenn, dann zu überteuerten Preisen. Ich sag ja immer, was man im eigenen Garten hat, das soll man nutzen.»

«Ja», sagte Julia, weil sie nicht wusste, was sie darauf

sonst antworten sollte. Grundsätzlich hatte diese Frau Reinhardt ja recht.

«Was für eine schöne Wohnung», kam es von Saskia, obwohl sie immer noch im Flur standen.

Nicole beschloss, jemanden zu suchen, der Saskia die Stimmbänder teilentfernte. Das war nach dem Umzug das nächste Großprojekt, das sie würde angehen müssen.

Glücklicherweise war Frau Reinhardt dermaßen fasziniert von den weißen Rosen, dass sie Saskia gar nicht gehört hatte. «Kommen Sie doch rein. Ich habe mir gerade Tee gekocht.»

‹Hoffentlich gibt es keinen Kuchen›, dachten alle synchron.

Kurze Zeit später saßen sie in einem geräumigen Esszimmer an einem ovalen Tisch. Ein ziemlich großer Hund mit schwarzem Fell lag in einer Ecke und schnarchte.

«Das ist unser Hund», sagte Frau Reinhardt überflüssigerweise. «Nelli, komm, setz du dich auch. Hansi ist ein Labrador.»

«Das ist so nicht richtig», korrigierte Nelli ihre Mutter. «Hansi ist ein Labrador-Windhund-Mischling.»

«Oh», sagte Saskia. «Was du alles weißt.»

«Das weiß wohl jedes Kind.» Nelli nahm einen Schokoladenkeks aus einer Porzellanschale, die in der Mitte des Tischs stand. «Ich finde es wichtig, viel zu wissen. *Windhund* ist der Sammelbegriff für alle hochläufigen, schlanken und mit den Augen jagenden Hunde, also Hetzhunde. Der *Labrador* ist ein mit durchschnittlich siebenundfünfzig Zentimetern recht großer, energischer Hund. Es gibt ihn in drei Fellfarben: einfarbig schwarz, gelb, das reicht von hellcreme bis fuchsrot, oder schokoladenbraun. Obwohl es gemäß dem Standard nur einen Labrador gibt, werden zwei unterschiedliche Erscheinungsformen gezüchtet: der stärkere, größere, Showdog genannte Typ und der feinere, kleinere Typ, der als Workingdog bezeichnet wird. Der Showdog wiegt so dreißig bis vierzig Kilo, ein Workingdog nur zwanzig bis fünfundzwanzig.»

Die vier glotzten Nelli einfach nur an. Kim und Nicole bekamen ein wenig Angst. Dieses Kind war ihnen unheimlich.

Frau Reinhardt goss Tee in die Tassen. «Sie müssen entschuldigen. Nelli ist für ihr Alter schon relativ belesen. Sie liest alles, was sie in die Finger kriegt. Dabei ist sie gerade mal sechs Jahre alt.»

«Falsch, Mama. Ich lese alles, was ich *vor die Augen* kriege.»

«Ja», sagte die Mutter freundlich und wandte sich wieder ihren Gästen zu. «Ach, bin ich eine schlechte Gastgeberin. Da biete ich Tee an und weiß gar nicht, ob Sie Tee mögen. Sie können auch gern was anderes haben. Möchten Sie vielleicht ein Glas Wein?»

«Falls ich mich nochmal kurz einmischen darf», mischte Nelli sich ein. «Also, wenn ihr unbedingt Wein trinken müsst, empfehle ich euch Weißwein. Im Vergleich zu Rotwein hat Weißwein einen deutlich niedrigeren Gehalt an Histamin. Dies ist besonders für Menschen von Bedeutung, die darauf allergisch reagieren und trotzdem nicht auf den Genuss von Wein verzichten möchten. Ist hier jemand allergisch?»

«Das reicht jetzt wirklich, Nelli, würdest du wohl aufhören!»

«Bitte, bitte, dann höre ich eben auf. Ihr werdet sowieso bald alle sterben. Warum also nicht gleich. Sollen sie doch Rotwein trinken. Das tun ja alle Alkoholiker. Aber ich möchte dann nicht hören, dass es meine Schuld ist, wenn sie gleich tot vom Stuhl kippen.»

«Mach dir keine Sorgen», sagte Julia lahm und ein klein wenig fassungslos. «Ich würde dich bestimmt nicht beschuldigen.»

«Das geht ja dann auch nicht mehr», antwortete Nelli ernst und schaute zu Hansi.

«Hansi, komm! Komm her zu mir.»

Der Mischling stand auf, streckte sich, gähnte und trottete dann zu Nelli hinüber.

«Also», sagte Frau Reinhardt, «wenn Sie Wein wollen, dann …»

«Nein danke.» Kim hob abwehrend beide Hände. «Wir hängen an unserem Leben. Tee ist wunderbar.» Sie fragte sich, ob die anderen Bewohner dieses Hauses wenigstens einigermaßen normal waren.

«Ich habe auch Apfelsaft», sagte Frau Reinhardt, die offenbar einen Getränketick hatte oder aber einfach nur so gastfreundlich war, dass man überhaupt nicht dazu kam, irgendetwas zu verköstigen, weil man andauernd etwas anderes angeboten bekam.

Saskia schaute erwartungsvoll zu Nelli hinüber und wurde nicht enttäuscht.

«Aber bitte einen ohne Zusatzstoffe», sagte Nelli. «Ich empfehle unseren naturtrüben Apfelsaft. Naturtrüber Apfelsaft wurde *nicht* gefiltert und ist deshalb undurchsichtig. In ihm befinden sich Schwebstoffe, die sich am Boden als Satz absetzen und vor dem Trinken aufgeschüttelt werden können. Naturtrüber Apfelsaft schmeckt meist natürlicher als gefilterter Saft. Wichtig ist, dass ihr wirklich Apfelsaft trinkt und nicht dieses Konzentrat. Da könnt ihr euch gleich einsargen lassen. Oder, Mama?»

«Man liest ja so viel», sagte Frau Reinhardt.

«Tee ist ganz wunderbar», wiederholte Nicole stellvertretend für alle. «Ach, eigentlich möchte ich gar nichts», fügte sie dann hinzu, weil sie sich keine Informationsveranstaltung über Teesorten anhören wollte.

«Na, dann seid ihr aber wirklich bald tot. Essen und trinken muss der Mensch», schlussfolgerte Nelli.

«Ach ja, ach ja.» Frau Reinhardt schüttelte den Kopf. «Sie saugt alle Informationen in sich auf. Wie ein Schwamm. Gerade das mit dem Wein scheint sie wahnsinnig zu interessieren. Erinnern Sie sich noch an den Weinpansch-Skandal von vor was weiß ich wie vielen Jahren? In Österreich war das. Ach, aber da waren Sie bestimmt noch sehr klein.»

Nelli offenbar nicht.

«Diäthylenglykol. Neunzehnhundertfünfundachtzig war das. Im Sommer. Die eigentlichen Verwendungsgebiete für Diäthylenglykol sind: Enteisen von Flugzeugen, Winterschutz für Autokühler, industrielles Verdünnen von Lacken, Desinfizieren von Raumluft. Ja, ja, viele österreichische Winzer mussten damals Konkurs anmelden. Und österreichischer Wein wurde lange Zeit verschmäht.»

«Mein Mann kauft nur Wein aus Wien», versicherte Frau Reinhardt ihren Gästen. «Nur aus Wien. Da weiß man, was man hat. Würde da Österreich auf dem Etikett draufstehen, keinen Schluck würde ich trinken.»

In diesem Moment kippte Nelli mitsamt dem Hund, der halb auf ihrem Schoß gesessen hatte, auf ihrem Stuhl nach hinten, und Hansi begrub sie unter sich.

«O Gott», rief Kim. «Hast du dir wehgetan? Zieh mal einer den Hund von ihr runter. Ist er tot? Ist er tot? Hat ihm vielleicht jemand Wein gegeben?»

«Natürlich nicht», sagte Frau Reinhardt. «Hansi ist Narkoleptiker. Er schläft manchmal einfach so ein. Ohne Grund. Nelli, ist alles in Ordnung?»

«Ja, ja», keuchte Nelli und rappelte sich hoch. «Kein Problem.» Sie fummelte an ihrem Mund herum. «Ich habe nur einige Haare von Hansi verschluckt. Zum Glück bin ich geimpft. Das kann nämlich böse enden. Wenn sich zum Beispiel Milben auf mich übertragen. Milben gibt es in verschiedenen Hautbereichen des Hundes. Einige leben auf der Haut und ernähren sich von Hautschuppen, andere leben in den Haarfollikeln und in tieferen Hautschichten und verursachen langwierige und zum Teil therapieresistente Hauterkrankungen mit mehr oder weniger starkem Juckreiz.» Sie dachte nach. «Ich muss unbedingt überprüfen, ob sich das auf den Menschen übertragen kann.»

«Man liest ja so viel», sagte die Mutter wieder zu ihrem Besuch, und alle schauten auf den schnarchenden Hansi.

«Was machen wir denn jetzt mit ihm?», wollte Saskia wissen. «Wir könnten ihm eine Salami vor die Schnauze halten oder ihm Eiswürfel auf die Augen legen.»

«Aber nein», sagte Nelli. «Er wacht irgendwann von selbst wieder auf.»

«Nun lassen Sie uns doch endlich Tee trinken», forderte Frau Reinhardt die anderen auf. «Im Grunde genommen ist ja gar nichts passiert. Also, auf gute …»

«Ach, es ist *nichts passiert*, Mama? Da bin ich allerdings anderer Meinung. Hast du schon einmal etwas davon gehört, dass Narkolepsie eine wirklich ernstzunehmende Krankheit ist, bei der …»

«Nelli», sagte die Mutter nun genervt. «Wenn du jetzt nicht sofort aufhörst, halte ich dich fest und lasse unseren ganzen Wiener Wein in dich reinlaufen, hast du mich verstanden?»

«Ich helfe Ihnen dabei», sagten die vier unabhängig voneinander im Chor.

sechs

«Wenn hier alle so sind wie Frau Reinhardt und Nelli, dann freue ich mich jetzt schon», erklärte Julia ihren Freundinnen, während sie vorsichtig die Treppe hinunterliefen. Unbewusst traten sie leise auf und flüsterten, weil sie einfach nicht die Kraft für noch mehr Bekanntschaften hatten. Für heute genügte es.

Sie hatten die Wohnung. Die Wohnung war toll, und mit den Nachbarn würde man schon klarkommen. Immerhin hatten sie dreizehn Jahre gemeinsamen Schulbesuch hinter sich, in denen sie mehr als einmal Lehrer zum Teufel gewünscht und Mordphantasien entwickelt hatten.

Da war eine eigene Wohnung mit allem, was dazugehörte, doch ein Kinderspiel.

Und die weitere Zukunft auch.

«Ich kann dich total schlecht verstehen! Was hast du gesagt?»

«Wir haben diese Wohnung bekommen!», brüllte Kim ins Telefon. «Die in Winterhude. Ich hab dir doch davon erzählt, Mama!»

«Ich hab gar nichts erzählt. Ich verstehe dich nicht!»,

quakte Kims Mutter zurück, die im Auto unterwegs war, ständig durch irgendwelche Tunnel fuhr und nur die Hälfte von dem verstand, was Kim ihr sagen wollte. Dabei war das doch so wichtig.

«Die WOHNUNG!» Nun schrie sie fast. «Ich ziehe AUS!»

«Lass uns morgen in Ruhe sprechen!», kam es wie immer, und Kim wusste genau, dass wie immer nichts daraus werden würde. «Ich bin in Bayern!», schrie Dr. jur. Annegret Ahrens genervt. «Ich muss mich noch mit tausend Mandanten treffen, und dieser Mietwagen ist unzumutbar. Schätzchen, bist du noch dran?»

«Wann kommst du denn morgen zurück?»

«Gar nicht. Erst in einer Woche. Ich …» Es knatterte und rauschte. Wahrscheinlich wieder ein Tunnel. «Die Verbindung ist wirklich katastrophal.» Dann war das Gespräch zu Ende.

Kim legte langsam den Hörer auf. «Ja, Mama», sagte sie in das leere Arbeitszimmer der Mutter. «Die Verbindung ist in der Tat katastrophal.» Sie trat ans Fenster und schaute hinaus in den Garten. Das Wasser in dem großen Pool kräuselte sich ein wenig vom Wind, die sechs oder sieben Liegestühle mit den gelbweißen Polstern standen verwaist da, der Sonnenschirm war eingeklappt. Die Kerzen in den Windlichtern waren in diesem Jahr noch nicht einmal angemacht worden. Dabei war dieser Mai sehr warm. Ihre Eltern hatte Kim vor ungefähr zwei Wochen zum letzten Mal gesehen. Sie betrieben eine Anwaltskanzlei in der Hamburger Innenstadt, die sich auf Strafrecht spezialisiert hatte. Da sie überall in Europa Außendependancen betrieben und sich geradezu zwanghaft um alles selbst kümmerten, waren sie so gut wie nie zu Hause. Insgesamt fünf Geburtstage hatte Kim schon alleine verbringen müssen, zwei davon hatten die Eltern sogar vergessen. Da nützten auch goldene Füllfederhalter und teure Armbanduhren als Wiedergutmachung nichts, zumal sie aus Luzern oder Paris mit irgendeinem Kurierdienst geschickt worden waren.

Früher waren Annegret und Jonas Ahrens wenigstens noch mit ihrer einzigen Tochter in den Sommerurlaub gefahren, aber der wurde dann doch nie gemeinsam verbracht; schon während der Anreise sprachen die beiden mehr in ihre Handys als mit Kim. Und während jedem, wirklich jedem Urlaub musste grundsätzlich einer von ihnen nochmal «kurz weg», was im Klartext hieß, dass Mutter oder Vater mehrere Tage am Stück fort waren, um sich mit ihren wahnsinnig wichtigen Mandanten zu treffen, die sich sonst entleiben oder eine Kugel in den Kopf jagen würden.

Kims Eltern hatten dieses riesengroße Haus in Blankenese vor vielen Jahren nicht etwa gekauft, um darin zu wohnen, sondern um sich von ihm fernzuhalten. Die Einzige, die hier lebte, war die Tochter, umgeben von Angestellten, die sie besser kannten als ihre Eltern. Annegret wusste noch nicht mal, dass Grün Kims Lieblingsfarbe war und dass sie Wackelpudding hasste, weil sie das an zerflossene Augen erinnerte. Jonas hatte es tatsächlich mal fertiggebracht, während seiner Rede an Kims Konfirmation den Namen seiner Tochter zu vergessen, was alle maßlos aufregte, nur Kim nicht, weil sie Kummer gewohnt war. Und ihn hatte es auch nicht aufgeregt, weil schon während der Rede wieder sein dämliches Handy geklingelt hatte, und zwar zweimal. Direkt nach dem Dessert musste er natürlich «kurz» fort und kam erst am nächsten Tag wieder zurück.

Es war gut, dass Kim auszog. Ihr würde das große

Haus mit den teuren Möbeln und Teppichen überhaupt nicht fehlen. Und ihre Eltern würde sie auch nicht vermissen. Es würde sich ja nicht viel ändern. Sie waren sowieso nie da.

Kim öffnete die Terrassentür und ging zu dem kleinen Häuschen, das neben dem Pool lag, zog sich ihren Badeanzug an und sprang kopfüber ins Wasser. Dann kraulte sie zu einer Luftmatratze, die am Beckenrand vor sich hin dümpelte, kletterte drauf, legte sich auf den Rücken und starrte so lange in den Himmel, bis ihr kalt wurde.

Julia ging gut gelaunt die Straße entlang, in der sie wohnte – im Hamburger Stadtteil Wilhelmsburg, ganz in der Nähe des Krankenhauses Groß-Sand. Wilhelmsburg hatte nicht gerade einen Ruf, bei dem man in die Hände klatschen und rufen würde: «Hier möchte ich den Rest meines Lebens verbringen!» Aber Julias Familie wohnte schon immer hier, und sie mochte ihren Kiez, wie sie ihn nannte. Sie kannte alle Nachbarn und auch die Leute in den angrenzenden Straßen, beim Bäcker wurde man jeden Tag mit dem neuesten Klatsch konfrontiert, und im Großen und Ganzen fand Julia die Menschen, die hier lebten, ehrlicher und bodenständiger als beispielsweise in diesem widerlichen Eppendorf, wo nur aufgetakelte Weiber mit ihren durchgestylten Kindern herumliefen, die schon als Säuglinge Baby-Dior trugen und in Kinderwagen herumgefahren wurden, die dreitausend Euro gekostet hatten. Julias Großeltern lebten drei Straßen weiter, sie hatten 1962 die Sturmflut hautnah miterlebt und erzählten immer wieder davon, wie toll der Zusammenhalt auf den Hausdächern damals gewesen war.

Manchmal konnte Julia es zwar nicht mehr hören, weil

die Geschichten von Mal zu Mal schlimmer wurden, und einmal hatte Oma behauptet, Opa sei ertrunken, obwohl er direkt neben ihr saß, aber sie liebte ihre Großeltern, und deswegen hörte sie immer wieder zu. Oma behauptete auch immer, die Wassertemperatur habe minus vierzig Grad betragen, weswegen Julia vor einiger Zeit eine Physikklausur verhauen hatte, und wenn Oma drei oder vier Kirschschnäpschen intus hatte, konnte man die Uhr danach stellen, wann die Geschichte diese Drehung nahm: Helmut Schmidt, damals Hamburgs Innensenator, hatte ihr, Emma Bingel, eindeutig zu verstehen gegeben, dass er sie sehr, sehr mochte. Nach fünf Schnäpschen war er immer dazu bereit, seine Frau zu verlassen, da hätte Oma nur mit dem Finger schnippen müssen, einfach so, schnipp, schnipp! Aber sie hatte es natürlich nicht getan, weil es ja Opa gab, der grundsätzlich neben seiner Frau saß und bedächtig nickte, aber nichts sagte, was aber auch daran lag, dass er schwer hörte.

Julia und ihr älterer Bruder Chris konnten diese Geschichten mittlerweile auswendig mitsprechen, Chris wusste sogar, wann Oma Atempausen machte.

Glücklicherweise musste Chris sich Omas Litaneien nicht mehr ständig anhören, er war jetzt im zweiten Ausbildungsjahr zum Maler und Lackierer und wohnte mit einem Freund in einer kleinen Wohnung in Hamburg-Horn. Deswegen war er nicht mehr so oft zu Hause.

Einerseits war das gut, weil Julia das gemeinsame Zimmer nun für sich hatte, andererseits vermisste sie ihren Bruder, der immer für sie da war und jedem, der seiner Schwester zu nahe kam, damit drohte, seine Fäuste sprechen zu lassen, auch wenn Julia nur von harmlosen Passanten nach dem Weg gefragt wurde.

Nun saß sie mit den Eltern an dem abgenutzten Küchentisch, und sie aßen zu Abend. Oma und Opa waren ebenfalls da, sie wussten immer, wann Essenszeit war, und tauchten dann auf, um zu behaupten, «zufällig vorbeigekommen» zu sein.

«Warum willst du das denn?», fragte die Oma. «Hier hast du doch alles. Dein warmes Zimmer, deine Wäsche wird gewaschen, und Miete musst du auch nicht bezahlen.»

«Ich möchte selbständig sein, Oma», erklärte Julia geduldig und nahm sich eine Scheibe Brot.

«Papperlapapp», sagte Oma.

«Wenn sie es doch will», meinte der Vater und blinzelte seiner Tochter zu. Gert Seidel stand zu Julia, da konnte kommen, was wollte. Er gönnte ihr die Wohnung, und er wusste, sie würde es schaffen. Davon mal ganz abgesehen wünschte er sich für beide Kinder, dass sie es mal ein bisschen besser haben sollten als er. Seit er denken konnte, hatte er sich auf Baustellen den Rücken kaputt gemacht. Dass seine Tochter Medizin studieren wollte, würde er unterstützen, und wenn die Nachbarn tausendmal sagen würden, dass das Mädchen wohl größenwahnsinnig sei. Neidisch waren sie, mehr nicht.

«Wo ist denn diese Wohnung?», wollte Oma nun wissen.

«In Winterhude.»

Das kannte die Großmutter nicht. Sie kannte nur Wilhelmsburg. Alles andere war ihr unheimlich. Ein einziges Mal war sie am Jungfernstieg gewesen, vor ungefähr vierzig Jahren, und da hatte sie sich so verlaufen, dass sie sich geschworen hatte, nie wieder einen Fuß in die böse Innenstadt zu setzen. Außerdem gab es in Wilhelmsburg doch alles, was man brauchte. Und Oma hatte einen Fernseher. Mehr wollte sie nicht. Man konnte ihr auch nichts schenken, weil sie vor allem Neuen Angst hatte. Ein Trockner ließ Wäsche schrumpfen, eine Kaffeemaschine hatte den Teufel in sich, und ein elektrisches Bügeleisen war eine Arbeitserleichterung, mit der sie nichts anfangen konnte, genauso wenig wie mit Strom überhaupt. Sie verachtete Menschen, die ein Cerankochfeld hatten und in Häusern wohnten, die einen Fahrstuhl besaßen. Nur der Fernseher war eine Ausnahme. Oma sabbelte sich eben alles zurecht.

«Wann soll's denn losgehen?», fragte Hanne Seidel, Julias Mutter.

«Wir können einziehen, wann wir wollen. Die Wohnung steht leer. Nur die Wände müssen gestrichen werden.»

«Das soll Chris machen», beschloss der Vater. «Und ich frage wegen des Umzugswagens einen Kollegen. Der hat einen Transporter.»

«Chris frag ich selbst, Papa. Auch um den Umzug wollen wir uns selbst kümmern», sagte Julia. «Aber lieb von dir, danke.»

«Das wäre rausgeschmissenes Geld», meinte der Vater.

«Trotzdem.» Sie hatten beschlossen, alles selbst in die Hand zu nehmen, und würden es auch tun. Die Zeiten, in denen die Eltern ihnen alles abnahmen, sollten nun wirklich vorbei sein.

«Ihr müsst die Wohnung sehen, ein Traum», erklärte sie. «Wenn alles fertig ist, machen wir ein großes Essen und laden alle ein.»

«Das wird aber teuer», sagte Oma. «So viele Leute.»

«Du könntest deinen leckeren Krautsalat machen, Oma.»

«Ach je, ach je, wer soll denn den Weißkohl für so viele Leute bezahlen?»

«Dafür sparst du seit mehreren Jahren die Ausgaben für dein eigenes Mittag- und Abendessen», sagte Julia und schaute die Oma mit ihren großen braunen Augen an. «Da wird ein bisschen Krautsalat wohl drin sein.»

Dem konnte sich die Oma nicht widersetzen. Und der Opa hörte sowieso nichts beziehungsweise nur das, was er hören wollte.

sieben

Saskia und ihre Mutter hockten mit gekreuzten Beinen auf dem breiten Sofa, so wie sie es immer taten, wenn sie einen Abend miteinander verbrachten. Angelika Pupp war gerade mal zwanzig gewesen, als Saskia auf die Welt kam, und es machte sie stolz, dass viele sie für Schwestern hielten. Nun war Angelika achtunddreißig und ging gut und gern für Anfang dreißig durch. Saskia und sie hatten ein außergewöhnlich gutes Verhältnis, was mit Sicherheit daran lag, dass Angelika so jung Mutter geworden war. Sie erzählten sich alles, sie waren ein eingeschworenes und wunderbar eingespieltes Team, und wenn sie ganz ehrlich war, wollte Angelika nicht, dass Saskia auszog, würde das aber niemals sagen, weil sie ihre Tochter gut verstand. Die erste große Hürde, das Abitur, war geschafft, und jetzt lag das Leben wie eine wunderschöne Landschaft vor ihr, die es zu genießen galt. Sie würde den Teufel tun und es ihr verderben. Also ließ sie sich die Wohnung in schillernden Farben beschreiben, stellte die richtigen Fragen an den richtigen Stellen und hörte aufmerksam zu. Sie tranken zur Feier des Tages ein Glas Sekt, und Angelika hatte frischen Nordseekrabbensalat und Brot gekauft, das sie irgendwann später essen würden.

«Moment mal», sagte Saskia, nachdem sie wirklich jede Kachel des Ofens beschrieben hatte. «War heute nicht dein Date mit diesem … diesem … was machte er noch beruflich?»

«Du meinst den soliden und treuen Bernd, der eine eigene Firma hat, eins neunzig groß ist, dunkelbraune Haare und grüne Augen hat und auf der Suche nach einer Frau ist, mit der er lachen und gleichzeitig weinen und im Zuge dessen auf einen romantischen Sonnenuntergang schauen kann, wahlweise am Mittelmeer oder an der Ostsee. Meinst du den?»

Saskia kicherte. «Eigentlich wollte ich nur wissen, was er beruflich macht.»

«Dieses Treffen in einem Café dauerte exakt eine halbe Stunde», erklärte Angelika ihrer Tochter und schüttelte den Kopf. «Der solide Bernd hat momentan keine eigene Wohnung, sondern lebt bei seiner Mutter, weil seine Frau ihn rausgeschmissen hat, er heißt auch gar nicht Bernd, sondern Gustaf, was ich persönlich entsetzlich finde, und seine Firma ist der Hammer. Er ist freiberuflicher Vertreter für Sanitärbedarf.»

«Was?»

«Ja. Kloschüsseln. Waschbecken, Klobürsten, Bidets, Duschkabinen und so weiter und so fort. Seine Haare waren vielleicht mal dunkelbraun, aber bei unserem Treffen wollten sie mich offenbar nicht kennenlernen, sondern haben sich versteckt, und seine wunderschönen grünen Augen sind gelb.»

«Gelbe Augen haben doch nur Raubkatzen.»

«Raubkatzen und Gustaf. Ja.»

«Wie grauenhaft.»

«Das will ich dir sagen. Aber das Beste war der Sonnenuntergang.»

«Wart ihr an der Elbe?»

«Nein, er hat mir von der Fototapete vorgeschwärmt, die in seinem Jugendzimmer klebt, in dem er momentan wohnt. Bei Mutti. Ach so, ja, und er hat mich gefragt, ob ich Mutti kennenlernen will. Also heute.»

«Und?»

«Hallo? Mutti ist ja sooo gespannt. Und sie macht so einen tollen Kartoffelsalat. Noch Fragen?»

«Nicht wirklich. Ein Albtraum.»

«Aber die Krönung kommt jetzt.» Angelika machte eine Kunstpause und trank Sekt.

«Nun sag schon.» Saskia konnte es kaum erwarten.

«Gustaf bastelt in seiner Freizeit.»

«Er bastelt? Was bastelt er?»

«Glasuntersetzer aus diesen kleinen Holzstielen, die nach dem Eisessen übrig bleiben. Er klebt sie zusammen und meint, da würde man die Ausgaben für die grauenhaft teuren und geschmacklosen Untersetzer, die man im Kaufhaus kaufen kann, sparen. Er ist überhaupt sehr sparsam. Gustaf fährt nicht in den Urlaub, er hat ja die Fototapete. Seine Socken wäscht Mutti nur einmal pro Woche, die können ja über Nacht lüften.»

«Ist es denn die Möglichkeit», sagte Saskia völlig entsetzt.

«Ich habe ihm gesagt, dass ich das Gefühl habe, Kopfläuse zu bekommen, und bin gegangen. Davor habe ich bezahlt, und er hat sich die Quittung geben lassen.»

«Das wird ja immer schlimmer.»

«Er ist vier Köpfe kleiner als ich.»

«Dabei bist du ja gar nicht groß.»

«Eben. Das macht die Sache auch nicht besser.»

«Ach, Mampfel, wir finden schon noch einen tollen Mann für dich. Du solltest mal aufhören, auf diese dämlichen Kleinanzeigen im Abendblatt zu antworten, sondern dir mal ein Profil bei einer dieser Singlebörsen im Netz zulegen.»

«Ja, ja, irgendwann mal. Hast du Hunger?» Angelika stand auf. Das war der siebte oder achte Versuch gewesen, einen netten Mann kennenzulernen. Langsam gab sie die Hoffnung auf, noch einen zu finden, der halbwegs normal war. Aber bei ihrem Glück traf sie immer Typen, die entweder Veganer waren, Obama für eine Farbe hielten und noch nicht mal wussten, wie man korrekt die Seiten in einem Buch umblätterte. Es war ein Drama. Von Saskias Vater hatte Angelika sich vor fünf Jahren getrennt, man hatte sich auseinandergelebt, und er war nach Mallorca ausgewandert, um dort die wahnsinnig neue Idee zu realisieren, eine Tapas-Bar zu eröffnen, was selbstverständlich gescheitert war. Und weil alles gescheitert war, konnte er natürlich auch keinen Unterhalt mehr bezahlen. Er war im Übrigen vor allem deshalb gescheitert, weil er in seiner Tapas-Bar keine Tapas anbot, sondern Eis, da das ja «was anderes» war. Dumm auch, dass die Tapas-Eisdiele sich zwischen zwei regulären Eisdielen befand, die es dort gab, seitdem es Menschen auf Mallorca gibt, also seit ungefähr viertausend Jahren. Sein nächstes Projekt war ebenfalls schon im Vorfeld zum Scheitern verurteilt. Er hatte beschlossen, eine Bar aufzumachen, die *Komasaufen* hieß, in der es allerdings nur alkoholfreie Getränke gab, was von den trinkwilligen Urlaubern nicht so gut wie erhofft angenommen worden war.

Roland war schon immer ein Träumer gewesen, und das würde sich auch zukünftig nicht ändern.

«Lass uns essen», sagte Angelika, und Saskia stand auf. Sie würde sich wirklich irgendwann einen Text für diese Singlebörse ausdenken. So konnte das nicht mehr weitergehen.

«Dann kann ich ja schon mal einen Termin bei einem Bestatter ausmachen», war Karin von Heybergs Reaktion auf die Ankündigung, dass Nicole demnächst nun wirklich ausziehen würde. «Und Kuchen für die Feierlichkeiten im Anschluss an deine Beerdigung bestellen. Es wird keine zwei Wochen dauern, bis du tot in einer dunklen Ecke gefunden wirst. Ausgeraubt und geschändet.»

«Ja, Mama. Und bestimmt schneidet mir ein zufällig vorbeikommender Friseur auch noch die Haare ab, um eine Perücke daraus zu machen.»

Es war klar, dass Nicoles Mutter diesen Sarkasmus nicht verstand, sondern noch mehr hyperventilierte. «Auch Friseure machen vor nichts halt», war ihre Meinung. «Dann wird irgendwann eine Frau mit deinen Haaren herumlaufen, nicht wissend, dass dies Haare sind, an denen das unschuldige Blut einer Abiturientin klebt. Oh …»

«Wenn das alles ist, was dich interessiert, dann vielen Dank», sagte Nicole sauer. «Und jetzt hör endlich auf mit dem Kram. Ich kann es wirklich nicht mehr hören.»

«Ich mache mir schreckliche Sorgen», klagte die Mutter weiter. «Du bist doch wie ein kleiner Vogel, der frühzeitig aus dem Nest fällt. Du brauchst die Fittiche deiner Eltern, die dich schützen und langsam auf das böse Leben da draußen vorbereiten. Aber doch nicht so, doch nicht *so*!»

«Du tust ja geradeso, als würdest du mich dreimal am Tag mit Würmern füttern», entgegnete Nicole, die überhaupt keine Lust auf dieses Geschwätz hatte.

Die Mutter ging gar nicht darauf ein. «Und dann liegst du unter dem Baum, kannst nicht fliegen, und schon steht da die böse Katze, die ein arges Spiel mit dir treiben wird.»

«Oder der Fuchs», sagte Nicole. «Entschuldige bitte, ich meine natürlich den *bösen* Fuchs. Mach dir keine Gedanken, Mama, ich werde schon klarkommen.»

«Der Weise ist auf alle Ereignisse vorbereitet», warf der Vater ein. «Dies sagt zumindest Molière. Ein kluger Mann.»

«Ach, vielleicht indem wir hoffen, hat uns das Unheil schon getroffen. Danke, Papa.»

«Schiller war auch ein weiser Mann.» Der Vater nickte leidend. «Ich hatte mir immer gewünscht, dass du mal in unsere Fußstapfen treten wirst, aber nein, du willst Gesetzesbrecher jagen und wirst dabei den Kürzeren ziehen.»

Nicole stand auf, bevor noch Goethe oder Kopernikus ins Spiel kamen. Insgeheim zählte sie die Stunden, die Minuten, die Sekunden. Wenn sie die Tür hier hinter sich zumachen würde, könnte sie vielleicht endlich mal wieder durchatmen.

Am nächsten Tag trafen sie sich zur Lagebesprechung bei Kim, saßen am Pool und tranken Cola. Kims Eltern glänzten wie immer durch Abwesenheit, und manchmal war das ja ganz nett. Außerdem wurden so das Schwimmbecken und die Liegestühle genutzt.

«Wer kümmert sich um was?» Julia hatte einen Block vor sich liegen und eine Tabelle mit vier Spalten gemacht. «Ich würde das mit dem Strom und so machen. Zum Bezirksamt müssen wir alle selbst gehen, was noch, was noch?»

«Ich mach das mit dem Umzugsunternehmen.» Kim meldete sich. «Da gibt es bestimmt günstige im Internet. Wie heißt diese eine Seite? My Hammer oder so. Ich schau nachher mal nach.»

«Wer streicht die Wände?»

«Das können wir doch zusammen machen», sagte Julia. «Ich besorg Farbe von meinem Bruder, vielleicht hilft der uns ja. Ach, bestimmt hilft der uns.»

Nicole studierte gerade den Mietvertrag. «Wartet! Seid mal still. Ich hab gerade was gefunden.»

«Was denn?», fragten alle.

«Äh, hier steht, dass man als Mieter eine Sicherheit hinterlegen muss, in Form einer Kaution. Drei Monatsmieten.»

«Wie?»

«Hier steht, dass man drei Nettokaltmieten auf das Konto von Herrn Professor Haselmaus überweisen muss. Als Sicherheit. Das sind … das sind … oh, oh, oh … das sind dreitausend Euro!»

«Was ist überhaupt eine Nettokaltmiete?», wollte Saskia wissen.

«Keine Ahnung. Wahrscheinlich das Gegenteil von einer Nettowarmmiete», kam es altklug von Kim.

«Hier steht, dass die Wohnung tausend Euro kalt kostet.»

«Ja und?»

«Und dann kommen noch die anderen Kosten dazu. Strom. Wasser. Heizung. Gas. Hausmeister. Gehwegreinigung. Müllabfuhr. Abwasser.»

«Aber wir melden den Strom doch an», sagte Julia. «Damit ist das doch dann erledigt.»

«Herrje, nein. Das muss alles extra bezahlt werden.»

«Das ist dann die Warmmiete», sagte Kim noch altkluger und wurde dafür von den anderen mit vernichtenden Blicken bedacht.

«Hier steht, dass pro Monat vierhundert Euro an Nebenkosten dazukommen.»

«Oh», meinte Saskia. «Das ist blöd mit den dreitausend Euro Kaution. Ich hab alles durchkalkuliert. Woher soll ich noch zusätzliche hundertfünfzig Euro nehmen?»

«Wir hätten vielleicht vorher mal den Mietvertrag anschauen sollen. Scheiße!» Nicole knallte den Vertrag auf den Tisch. «Das darf man wieder keinem erzählen. Wir sind dumm wie Brote.» Sie stand auf. «Ich geh jetzt erst mal schwimmen. Dann sehen wir weiter.»

Mit diesen Worten hüpfte sie in den großen Pool und spritzte die anderen nass, die sich den Vertrag geschnappt hatten und auch noch feststellten, dass es sich um einen Staffelmietvertrag handelte und sie nach drei Jahren die erste Mieterhöhung hatten, was sich dann lustig fortführen würde.

Um solche Dinge hatten sie sich selbstverständlich noch nie kümmern müssen. Auch nicht um so was wie Heizung. Sie wohnten zu Hause, und da war eben alles vorhanden. Natürlich hatten die Mütter und Väter ein paarmal versucht, mit ihnen darüber zu sprechen, aber das hatte jede von ihnen grundsätzlich abgeblockt. Immerhin waren sie ja jetzt erwachsen.

Aber in diesem Moment fühlten sie sich irgendwie gar nicht so.

Irgendwie fühlten sie sich gerade ziemlich dämlich.

acht

Der große Tag war da. Alles war erledigt, und sie hatten beschlossen, die Dinge auf sich zukommen zu lassen. Die dreitausend Euro für die Kaution würden sie irgendwie auftreiben. Die Eltern unterstützten sie ja mit unterschiedlichen Beträgen, und sie würden eben noch ein wenig mehr jobben müssen. Saskia hatte beschlossen, am Wochenende noch ein paar Servieraufträge anzunehmen, die Patisserie, in der sie schon lange jobbte, meinte, das sei kein Problem, wenn sie auch sonntags bei Familienfeiern und dergleichen aushelfen würde. Bei den anderen sah es ähnlich aus. Und die erste Mieterhöhung, herrje, das dauerte ja noch. Ihren Eltern hatten sie nichts von alldem erzählt. Wozu auch? Es hätte nur zu Aufregungen geführt. Sie hatten alle gesagt, dass Kims Vater sich den Vertrag angeschaut habe, immerhin war er ein angesehener Rechtsanwalt und wusste, was er tat. Dass Kim gar nicht wusste, wie ihr Vater momentan überhaupt aussah, weil er schon seit Wochen zwischen Genf, Brüssel und London hin und her pendelte, wussten sie natürlich nicht.

Das wusste nur Kim.

Ein Umzugsunternehmen war im Internet gesucht und auch gefunden worden, und nun warteten sie auf einen Stanislaw und einen Dimitri, die versprochen hatten, pünktlich um sieben Uhr morgens vor Saskias Haus zu stehen, um die erste Fuhre einzuladen. Dann sollten alle anderen Straßen abgeklappert werden. Nicole hatte alles minuziös ausgerechnet. Wenn es keine Zwischenfälle gab, würde der Wagen gegen dreizehn Uhr vor der neuen Wohnung stehen. Julias Bruder war mit einem Kollegen gekommen und hatte die Wände gestrichen, alles sah nett und einladend aus, jetzt mussten nur noch Möbel aufgestellt und Kisten ausgepackt werden, und heute Abend würden sie sich Pizza bringen lassen und einfach nur jubilieren und glücklich sein.

Dimitri und Stanislaw hatten mehrfach betont, dass sie irre pünktlich sein würden, und so stand Saskia nun vor ihrem Haus und hielt nach einem 7,5-Tonner Ausschau, der aber nicht kam. Schließlich rief sie bei Dimitri auf dem Handy an, doch er hatte es ausgeschaltet. Bei Stanislaw dasselbe.

Sie rief Kim an, die sich um die Organisation gekümmert hatte.

«Stanislaw hat sich alles aufgeschrieben», sagte Kim nervös. «Und sie haben beide bei den Leben ihrer Mütter geschworen, dass sie auch wirklich kommen. Die Adressen stimmen auch alle. Ich hab sie Stanislaw extra nochmal wiederholen lassen. Und nun beruhige dich. Bei zehn Euro pro Stunde kann man schon ein bisschen unpünktlich sein.»

Das sah Saskia zwar anders, wollte sich aber nicht mit Kim streiten. Sie hatte es sowieso für einen Fehler gehalten, ausgerechnet Kim Umzugswagen und Packer organisieren zu lassen, weil Kim gelegentlich doch sehr weltfremd war und sich gerne an der Nase herumführen ließ. Ihre Gutmütigkeit war schon oft ausgenutzt worden. Und mit Mühe und Not konnte sie Kim mit den anderen davon abbringen, für die Möbelmänner eine Suppe zu kochen, damit sie etwas Warmes zu essen bekamen.

«Wer weiß, wann sie zuletzt etwas hatten», lautete Kims Argumentation. «Bei diesen Namen assoziiere ich permanenten Hunger.» Sie fühlte sich für die Männer verantwortlich. In ihrer überbordenden Phantasie standen zwei ausgemergelte Gestalten vor ihr, deren Lippen wegen des schlimmen Frosts in Kasachstan oder sonst wo schon aufgeplatzt waren, die Augen starrten blicklos aus tiefen Höhlen ins Leere, und die gebrauchten Fellmützen hatten auch schon bessere Tage gesehen. Dankbar und mit zitternden Händen würden sie die heiße Suppe löffeln, dabei ein herzerweichendes Gebet sprechen und langsam spüren, wie ihre Lebensgeister erwachten.

Suppe hin oder her, Dimitri und Stanislaw tauchten erst gegen zehn Uhr auf, und Saskia war mittlerweile stocksauer. Eigentlich wollte sie beide in scharfem Ton zurechtweisen und, sollten sie herumzicken, wegschicken, aber als sie vor ihr standen, hielt sie es für besser, gar nichts zu sagen. Das waren nämlich keine Männer, das waren ausgewachsene Grizzlybären, die nicht redeten, sondern grunzten und Hände hatten, die so groß wie Baggerschaufeln waren. Und sie waren tätowiert. Überall.

Saskia lächelte wie immer, hatte allerdings das Gefühl, ein ängstliches Fratzengesicht zu machen. Sie hatte auch Angst davor, dass einer der beiden ihr die Hand schütteln wollte, was sie aber nicht taten. Sie standen einfach nur da und starrten sie an.

«Na, dann kann es ja losgehen.»

«Los?», fragte der eine, und Saskia nickte.

«Meine Sachen stehen noch drin. Ein Schrank muss noch abgebaut werden, aber das hat meine Freundin Ihnen bestimmt schon alles erzählt.»

‹Wehe, wenn nicht, Kim, wehe!›

«Freundin nix gesproch.» Dimitri. Oder war es Stanislaw?

«Nix Freundin.» Stanislaw. Möglicherweise aber auch Dimitri.

«Was heißt das?»

Dimitri hielt sein Handy ans Ohr und schüttelte dabei den Kopf. «Kein Freundin nix erzählt.» Oh, fast ein ganzer Satz.

«Doch, doch, doch. Kim Ahrens. KIM. AHRENS. Sie hat bei Ihnen angerufen und Sie hierherbestellt.» Saskia nickte mit Nachdruck, ihr wurde heiß.

«Nix wiss.»

«Egal», sagte Saskia. «Kommen Sie einfach mit.» Und dann ging sie mit den beiden ins Haus, zeigte ihnen ihr Zimmer, wo die Kisten gepackt waren und der blöde Schrank noch auseinandergebaut werden musste. Wenigstens waren die beiden kräftig. Wenigstens das.

«Dieser Schrank da, der muss mit.»

Die Männer starrten sie an. «Nix.»

«Was soll das heißen?»

Ein Bär konnte wohl einen Schrank bewältigen.

«Nix gesagt. Freundin nix.» Dimitri. Ganz sicher Dimitri. Oder Stanislaw.

Beide schüttelten wieder den Kopf.

«Nix bau. Nix schlepp. Nur fahr.»

«Wie bitte?»

«Is Auftrag nur fahr.»

Kim würde diesen Tag nicht überleben, so viel stand

fest. Saskia holte ihr Handy hervor und drückte auf die Wahlwiederholung.

«Na, Püppi, sind sie endlich da?», fragte Kim fröhlich.

Eine Minute später war sie nicht mehr ganz so gut drauf.

Dimitri und Stanislaw hatten ihr Versprechen wahr gemacht. Weder bauten sie etwas auseinander, noch trugen sie etwas in den Umzugswagen. Sie standen einfach da und schauten Saskia zu, die jeden Karton einzeln aus dem dritten Stock nach unten wuchtete und dann noch ihren Schrank abbaute. Manchmal machte Stanislaw «Ui, schwer Karton» und Dimitri stöhnte «Oje, schlimm Trepp», aber keiner von ihnen kam auf die Idee, auch nur einen Handschlag zu tun, auch weil sie es «in Scheibe, wo Band hängt» hatten. Nach zwei Stunden war Saskia fertig. Auch mental. Außerdem fragte sie sich die ganze Zeit, warum die beiden zu zweit aufgetaucht waren. Fahren konnte ja bloß einer.

Aber es stellte sich heraus, dass Dimitri nur zehn Minuten am Stück hinterm Steuer sitzen konnte, wegen Rück und schlimme Fuß, wo einfach so Schmerz bringt, und bei Stanislaw war es zusätzlich zur Scheibe, wo Band hängt, noch furchtbar, furchtbar in Arm und in Nas und in Aug und in Haar und in überall.

Wenn das in diesem Tempo weiterging, würden sie Tage brauchen.

Zum Glück war Julias Vater zu Hause, als sie dort gegen zwölf Uhr endlich ankamen. Dimitri und Stanislaw zogen es vor, im Auto sitzen zu bleiben, weil «Sonn so warm». Saskia hätte sie gern geohrfeigt, tat aber natürlich vor Julia und ihrem Vater so, als sei alles ganz normal und hätte seine Ordnung. Weil sie sich keine Blöße geben wollte, nahm sie die Männer sogar noch in Schutz und behauptete, sie hätten traumatische Erlebnisse vom letzten Auftrag zu verarbeiten, denn während der Umzugsfahrt damals hatten die beiden Armen einen Hasen angefahren.

Nachdem Julias Sachen im Wagen waren und man auch das Drama mit Nicole und ihren Eltern hinter sich gebracht hatte, was mit Worten gar nicht zu beschreiben war, fuhren sie endlich zu Kim. Die sollte dann mit dem Umzugswagen in die neue Wohnung fahren, so hatte sie es vorgeschlagen, und die anderen drei würden mit ihrem kleinen Auto nachkommen, weil in dem großen nicht so viele Leute mitfahren konnten.

Saskia, die mittlerweile so durchgeschwitzt war, dass ihre Haare schon klebten, sah Kim schweigend an, als sie endlich vor ihr stand. Und Kim gackerte hysterisch los und wollte alles mit guter Laune überspielen, was Saskia noch saurer machte.

«Was soll denn das?», fragte Nicole, als sie in Kims Zimmern standen, ja, *Zimmern*, sie bewohnte drei davon, und jedes von ihnen war bis oben hin vollgestopft mit Kartons, die noch nicht mal beschriftet waren. Stanislaw und Dimitri hielten derweil ein Nickerchen, weil der Tag doch sehr anstrengend war. Noch anstrengender würde es sein, wenn sie ihre Zähne suchen müssten, was Saskia sich insgeheim wünschte. Aber sie hatte keine Kraft mehr, sie ihnen auszuschlagen.

Böse setzte sie sich auf eine Kiste.

«Ich hab halt viel Zeug», erklärte Kim. «Allein die Klamotten.»

«Du wolltest schon letztes Jahr was zur Altkleidersammlung geben», sagte Julia, und Nicole nickte.

«Hab ich ja auch. Aber dann kamen neue Sachen dazu.»

Nicole ging zu einem der Kartons und öffnete ihn. «Nein», sagte sie dann. «Nein. Die kommen nicht mit. Wo willst du die denn hintun? Du hast nur ein Zimmer. Ich wiederhole: *eins*!»

Schützend stellte Kim sich vor den Karton. «Selbstverständlich kommen die mit.»

Es handelte sich um neunzehn Brautkleider, die Kim in den letzten drei Jahren gesammelt hatte. Sie stöberte gern in einschlägigen Läden herum und fand immer noch eins, das die anderen übertraf. Für Saskia, Nicole und Julia sahen alle irgendwie gleich aus. Sie waren weiß, hatten üppige Verzierungen, Schleppen und Reifröcke.

«Wenn ich den Mann gefunden habe, den ich heirate, will ich vorbereitet sein», argumentierte sie weiter.

«Dann kannst du doch immer noch hierherkommen und dir eins aussuchen», meinte Saskia lahm, die sowieso wusste, dass Kim sich durchsetzen würde. Letztendlich kämen alle Kleider mit.

Und so war es auch.

Sie stand auf. «Dann los. Bis wir die Kisten runtergeschleppt haben, ist es zwar mitten in der Nacht, aber warten nützt auch nichts mehr.»

«Also, Dimitri. Fahren Sie bitte in die Maria-Louisen-Straße 12. Nach Winterhude, ja? Haben Sie das verstanden?»

«Erst tank.»

«Ja, gut, dann tanken Sie erst.»

Der Wagen war vollgestopft bis zum Anschlag. Es hätte nicht ein Karton zusätzlich reingepasst. Aber Kim war zufrieden. Sie hatte durchgesetzt, dass sie alles mitnehmen konnte. Wo sie es letztendlich hinstellen würde, sah man dann.

Saskia hatte Nicole und Julia in Kims Auto gepackt und war schon mal vorgefahren.

Während Dimitri losfuhr und Stanislaw immer noch schlief, merkte Kim, dass sie auch sehr müde wurde. Es war warm, ihr fielen die Augen zu, und sie beschloss, ein paar Minuten zu dösen. Nur kurz. Dass ihr Handy Warntöne von sich gab, weil der Akku fast leer war, hörte sie schon gar nicht mehr.

neun

«Von der Elbchaussee bis nach Winterhude ist es zwar nicht unbedingt nah, aber eine Weltreise ist es trotzdem nicht», sagte Julia und schaute zum zwanzigsten Mal auf ihre Armbanduhr. Sie warteten jetzt schon über eine Stunde auf den Transporter und seinen Inhalt. Mittlerweile war es dunkel geworden, die Straßenlaternen gingen an. Und Kims Handy war aus.

«Vielleicht ist was mit dem Wagen», überlegte Nicole.

«Dann kann man anrufen», sagte Saskia. «Die haben alle Handys dabei, und zur Not kann man in irgendeinen Supermarkt oder eine Kneipe gehen oder von mir aus auch eine Telefonzelle suchen.»

«Ruf doch nochmal bei Kim zu Hause an.»

«Wie oft denn noch? Es geht keiner ran.»

«Und jetzt?»

«Wir könnten reingehen und schon mal irgendwas machen.»

«Was denn?»

«Das weiß ich jetzt auch nicht.» Saskia zuckte mit den Schultern. «Die Nachbarn werden sich auch freuen, wenn wir hier mitten in der Nacht mit dem Ausladen anfangen. Toller Einstand, toller Einstand. Es fehlt nur noch, dass Nelli kommt und uns gute Ratschläge gibt oder uns erklärt, dass man vom Kistenauspacken Asthma bekommt und wie sich das auf die Atemwege im Einzelnen auswirkt. Mann, warum haben wir Kim erlaubt, in dem Wagen mitzufahren? Ich könnte mir selbst eine runterhauen.»

«Frau? Frau-hau?» Kim machte die Augen auf. «Sin mir da», sagte Stanislaw, der mittlerweile am Steuer saß. Dass die beiden sich jetzt auch noch auf der kurzen Reststrecke beim Fahren abwechseln mussten, verstand Kim zwar nicht, aber es war ja auch egal. Sie waren da!

Kim rieb sich die Augen, öffnete die Beifahrertür, kletterte nach draußen, wunderte sich, dass es dunkel war, und erkannte irgendwie gar nichts.

«Wo sind wir?»

«Da, wo Frau gesagt han.»

«Das ist doch nicht Winterhude.» In Kim stieg eine leichte Panik auf.

«Dog. Wie gesagt.» Dimitri und Stanislaw nickten synchron und wirkten zufrieden.

«Nein. Ich wollte nach Winterhude. Das hier ist *nicht* Winterhude.»

«Winterwas?»

«Winterhude, menno!»

«Oh», kam es gleichzeitig von beiden. «Aber Frau gesagt.»

«Ja, ich hab *Winterhude* gesagt.»

«Oh», sagten sie wieder. «Nigt gud. Hier wir.» Stanislaw fuchtelte mit einem Stadtplan vor Kims Nase herum. Ihr wurde schwarz vor Augen. Sie befanden sich in Kassel-Wilhelmshöhe, ungefähr dreihundert Kilometer von Hamburg entfernt.

Wie unangenehm war das denn! Ihre Mitbewohnerinnen würden ihr die Augen auskratzen. Und das mit Recht.

Wenigstens hatten die beiden noch nichts aus dem Wagen geholt, weil sie ja nicht mit anpackten. Gott sei Dank. Und so versuchte Kim, den beiden zu erklären, dass sie leider wieder zurück nach Hamburg mussten, zumal es in Wilhelmshöhe auch gar keine Maria-Louisen-Straße gab.

An die Rechnung durfte sie gar nicht denken.

Besser auch nicht daran, ob die Freundinnen sie zum ewigen Zölibat zwingen oder sonst etwas Grausames mit ihr anstellen würden.

Nachdem sie auch noch feststellte, dass ihr Handy nicht mehr an war, hatte sie ein noch schlechteres Gewissen, soweit das überhaupt möglich war.

Nicole, Julia und Saskia standen vor dem Haus wie ein Triumvirat des Grauens. Sie sprachen kein Wort, und der Schein der Straßenbeleuchtung ließ ihre Gesichter weiß und emotionslos wirken. Kim öffnete den Mund und wollte etwas sagen, schwieg aber, weil sie Angst davor hatte, dass jemand im Affekt mit einem spitzen Gegenstand auf sie losgehen würde.

Auf der Fahrt zurück nach Hamburg, während der

natürlich siebzehnmal angehalten werden musste, weil Dimitri und Stanislaw die Plätze tauschen mussten, hatte sich Kim eine haarsträubende Geschichte überlegt, in der eine Polizeikontrolle vorkam, bei der die Beamten überreagiert hatten. Kim wollte noch einen Hund in die Story mit einbeziehen, der heimatlos und mit Zahnschmerzen auf der Straße herumirrte und erst mal von einem herbeigerufenen Veterinär versorgt werden musste. Aber letztlich traute sie sich nicht, auch nur ansatzweise etwas davon zu behaupten. Die Launen der anderen waren sowieso schon unerträglich, und es wurde noch schlimmer, nachdem sie Kims Kisten ins Haus geschleppt hatten, was Stunden dauerte.

Das Pizzabestellen konnten sie jetzt vergessen, alle waren hundemüde, und alle Hamburger Pizzabringdienste hatten sowieso längst geschlossen.

Und so legten sie sich auf ihre Matratzen und schliefen ein. Es war vier Uhr morgens.

Um sechs Uhr klingelte es Sturm.

Nicole wachte zuerst auf, schlurfte in Boxerhorts und T-Shirt zur Tür und stand einem Mann Ende sechzig gegenüber, der keine besonders gute Laune hatte, dafür aber eine Hornbrille und tatsächlich um diese Uhrzeit schon einen Anzug trug.

«Ja bitte», krächzte Nicole, die so müde war, dass sie kaum aus den Augen schauen konnte.

«Das. Glaube. Ich. Nicht», sagte der Mann und betonte jedes einzelne Wort wie einen Schuss aus einer Schnellfeuerwaffe. «Was um alles in der Welt soll das?»

Nicole antwortete nicht, weil sie nicht wusste, was er meinte. Herrje, es war sechs Uhr. Sie hatte gerade mal zwei Stunden geschlafen. Noch nicht mal, vor Aufregung hatte sie noch Ewigkeiten wach gelegen.

«Wie kommt dieser infantile Gnom von Hausverwalter darauf, uns hier eine Horde unverheirateter Lebedamen ins Haus zu setzen?»

«Lebedamen?»

«Schweig still! Sprich, wenn du gefragt wirst.»

Nicole war sprachlos.

«Guten Morgen», hörte sie dann Saskias Stimme hinter sich. «Kann es sein, dass Sie schlecht geschlafen haben?»

«Ich schlafe immer sehr gut, mein Fräulein», polterte der Mann weiter. «Wenn hier mitten in der Nacht nicht so ein Lärm gemacht worden wäre, hätte ich noch besser geschlafen. Das ist ja Sodom und Gomorrha hier! Glaubt mal nicht, dass das auf Dauer so weitergeht. Da werde ich sofort die nötigen Schritte einleiten, unverzüglich werde ich das, auf der Stelle.» Er hob drohend seinen Gehstock und sah so aus, als würde er am liebsten alles kurz und klein schlagen.

«Schönen Tag noch», sagte Saskia schnell und schlug die Tür zu.

«Wenn du schon bei der Polizei wärst, hättest du ihm jetzt mit gezielten Schlägen unschädlich gemacht», wisperte sie dann, und beide lauschten. Der Mann stiefelte lautstark davon. Die Haustür fiel ins Schloss. Dann war Ruhe.

«War das ein Rechtsradikaler?», flüsterte Nicole entsetzt. «Er hat uns einfach geduzt. Aber wir sind doch schon über achtzehn.»

«Hallo?» Saskia gähnte. «Hast du etwa Angst vor dem? Der spinnt doch. Außerdem – du willst auf die Polizeischule, oder? Na dann viel Spaß. Ich freu mich jetzt schon darauf, wenn du abends nach Hause kommst und erzählst.»

«Das ist doch was ganz anderes.» Nicole flüsterte immer noch. «Wenn der uns abends auflauert und uns was über den Kopf schlägt, was machen wir denn dann?»

«Erst mal gar nichts», sagte Saskia kategorisch. «Ich geh jetzt nochmal schlafen.»

Das Telefon klingelte. Die beiden sahen sich erschrocken an. «Das ist bestimmt der Mann!» Nicole hüpfte von einem Bein aufs anderes. «Ich geh nicht ran. Geh du.»

Sie hatten die Nummer der Vormieter übernommen, aber außer den Eltern hatte die noch niemand, und wer rief denn bitte um sechs Uhr morgens an?

«Pupp!» Saskia schrie fast ihren Namen. Sie war genervt und wollte wieder ins Bett, und wer immer das war, sollte bitte gleich merken, dass dieser Anruf ungelegen kam. Dann schloss sie die Augen und reichte Nicole das Handgerät.

«Deine Mutter.»

«Scheiße. Sag ihr, dass ich …»

«Was?», wisperte Saskia. «Dass du nicht hier bist? Dann steht sie in fünf Minuten vor der Tür. Wahrscheinlich mit dem alten Mann. Viel Spaß.»

Genervt nahm Nicole das Telefon. «Hallo, Mama … Ja, ja, ja, ja, ja, es geht uns gut … Nein, es wurde nicht eingebrochen … Was? Wieso sollten Einbrecher einen Geheimgang graben und in der Küche rauskommen? Nein, ich sehe nicht nach … Nein, in der Dusche liegen auch keine Köpfe. Nein, Rollläden gibt es nicht. Keine Ahnung, ob das Panzerglas ist. Nein, Mama, soweit ich weiß, ist in dieser Wohnung noch keiner gestorben. Nein, ich sehe auch keine Flecken oder so was in der Art … Nein, Mama. In den Briefkasten wurde auch keine Brandbombe geworfen. Es ist auch niemand überfahren worden oder hat sich aus Versehen vergiftet. Was? Ja, Mama. Nein, Mama. Mama, kannst du später nochmal anrufen? Es ist gerade mal kurz nach sechs. Das tut mir leid, dass ihr nicht schlafen könnt. Nein, wir schaffen uns keinen Wachhund an. Hier ist ein Hund im Haus, der ist sehr … sehr, nun ja, sehr aufmerksam und hellwach. Ja, Mama … HERRGOTT NOCHMAL! KANNST DU NICHT EINFACH AUFLEGEN UND MICH IN RUHE LASSEN? DAS HÄLT JA KEIN MENSCH AUS!» Mit diesen Worten knallte sie das Telefon auf das Ladegerät und drehte sich zu Saskia um. «Wie um alles in der Welt habe ich das so lange ertragen? Das ist ja genauso schlimm wie Folter.»

«Oder Schlafentzug», meinte Saskia trocken und wankte in ihr Zimmer zurück, um sich hinzulegen. Toller erster Morgen. Einfach toll.

«Ich hab Brötchen geholt.» Kim stand in der Küche vor halb ausgepackten Kisten und lächelte Julia an. «Für dich extra ein Laugencroissant, das isst du doch so gern.»

«Mmhmm», machte Julia. Es war zehn Uhr. Sie hatte nicht richtig schlafen können, was auch daran lag, dass in ihrem Zimmer noch keine Vorhänge hingen. «Warum bist du so laut?»

«Meine Sachen hab ich auch schon ausgepackt», sagte Kim fröhlich und ohne auf die Frage zu antworten. «Es passt doch alles in das Zimmer. Gut, was?»

«Hast du die Decke zum oberen Stockwerk durchbrochen?»

Kim antwortete nicht und warf stattdessen Teebeutel in eine Kanne. «Wer möchte Rührei? In der Bäckerei gab's auch frische Eier. Sonst ist allerdings noch nicht so viel da. Wir müssen einkaufen gehen. Also, was ist mit Rührei?»

«Die anderen pennen doch noch.»

«Dann weck sie. Das ist unser erster Tag. Da kann man doch nicht so lange schlafen.»

Julia gähnte, dann schlurfte sie hinaus.

«Ich dachte, du wolltest dein Zimmer auch zum Wohnen benutzen», sagte Saskia, nachdem sie Brötchen mit Butter und Rührei gefrühstückt hatten und die Raumbegehungen durchführten.

In Kims Quartier durfte man höchstens zwölf Kilo wiegen, und selbst dann war kaum ein Durchkommen möglich. Den meisten Platz nahmen die Brautkleider ein, die Kim auf Stangen gehängt hatte. Dauernd rief sie: «Vorsicht, nicht schmutzig machen.» Die Kartons hatte sie zwar ausgepackt, aber alles stand kreuz und quer herum; es wirkte ein bisschen wie auf einem Basar. Es fehlte nur noch jemand, der danebenstand und feilschte.

«Bei euch sieht es auch nicht besser aus.» Kim war beleidigt.

«Außerdem ist das doch gerade das, was ein Zusammenleben ausmacht. Jeder ist nun mal anders, und das ist auch gut so.»

«In welcher Zeitschrift hast du denn das schon wieder gelesen?»

«In gar keiner. Das nennt man Lebenserfahrung», wurde Nicole von Kim belehrt. «Die Hälfte des Krams kommt sowieso bald weg, die meisten Klamotten passen mir nicht mehr. Ich hab nämlich vor lauter Stress fast ein Pfund abgenommen.»

Dem war nichts hinzuzufügen.

«Also, ich will noch einen Kaffee. Diesen Tee kannst du dir in die Haare schmieren, Kim.» Sie waren wieder in der Küche, und Nicole suchte das Kaffeepulver, das sie zu Hause eingepackt hatte. «Und ich finde, wir sollten uns mal hinsetzen und alles in Ruhe besprechen.»

«Was denn?», fragte Saskia.

«Die Wohnung ist groß und muss geputzt werden.» Nicole füllte den Wasserkessel. «Es muss eingekauft werden und so weiter und so fort.»

«Wann soll ich das denn machen?» Saskia grunzte. «Ich stehe von morgens um neun bis abends um sechs hinter Teigrührgeräten und Schokoladenförmchen und rolle Trüffel.»

«Wo wohnst du denn? Wer hat denn bei euch zu Hause geputzt und gekocht und eingekauft?»

«Äh … meine Mutter.»

«Dann kannst du sie ja fragen, ob sie hier für dich weitermachen will.»

Saskia warf ihr einen vielsagenden Blick zu und verdrehte die Augen.

Nicole hatte sich mittlerweile an den Küchentisch gesetzt, einige Sachen zur Seite geschoben und von irgendwoher einen Block und einen Stift geholt. «Wir machen Ablaufpläne. So ähnlich wie Stundenpläne.»

«Davon hab ich die Nase voll», sagte Kim, und Julia nickte.

Saskia fragte: «Sag mal, spinnst du?»

«Warum?», fragte Nicole zurück. «Irgendeinen Plan muss es ja …»

«Das meine ich nicht. Hättest du wohl die Güte, *nicht* mit meinem Füller zu schreiben.»

«Der lag da.»

«Das ist doch egal. Der ist aus Gold. Den hab ich von meinen Großeltern zur Konfi bekommen, und nur ich soll damit schreiben, das haben sie extra gesagt. Weil die Feder sonst beschädigt wird.»

«Warum legst du ihn denn dann hier in die Küche?»

«Das weiß ich auch nicht, aber gib ihn mir jetzt bitte.»

Nicole reichte ihr den Füller, und Saskia begutachtete jeden Millimeter. «Dass das gleich mal klar ist. Ich mag es nicht, wenn ungefragt meine Sachen genommen werden.»

Eine unangenehme Pause entstand.

«Ist ja gut», sagte Kim dann. «Das kann man auch freundlicher rüberbringen.»

«Ich geh auch nicht an deine Brautkleider», konterte Saskia.

«Dann würde es auch Tote geben», sagte Kim und nickte.

Damit war das auch geklärt.

zehn

Zwei Stunden später war der Plan fertig, die Kisten immer noch nicht ganz ausgepackt und die dritte Kanne Kaffee geleert worden.

Die vier begutachteten ihn ehrfurchtsvoll und schworen sich hoch und heilig, ihn immer zu befolgen, auch wenn eine von ihnen einen Arm verlieren oder an Alzheimer leiden würde.

«Wir hängen ihn an die Küchentür», schlug Saskia vor.

Alle nickten.

«Und jetzt stellen wir uns den restlichen Nachbarn vor. Der alte Stinkstiefel ist ja noch nicht wieder nach Hause gekommen. Da können wir gleich mal fragen, wie der so ist.» Sie stand auf. «Dann mal los.»

Melchior stand auf der Klingel gegenüber, und sie setzten alle ein entwaffnendes Lächeln auf, als die Tür geöffnet wurde. Die gute Laune wurde jedoch im Keim erstickt. Vor ihnen stand eine Tote. Jedenfalls sah die Frau aus, als sei sie gerade einem Grab entstiegen.

«Hallihallo», schwabbelte Nicole los und streckte der Toten die Hand hin. «Wir sind die neuen Nachbarinnen. Also seit gestern. Genau gesagt schon seit ein paar Tagen, aber gestern sind wir eingezogen. Noch genauer gesagt heute Nacht. Hoffentlich haben wir Sie nicht geweckt oder sonst wie gestört. Wenn doch, dann Entschuldigung. Es ist nämlich so, dass es einige …»

«Ich schlafe nachts nicht.» Die Tote ignorierte die Hand. «Ich schlafe immer tagsüber. Jetzt.»

«Sie sind doch aber wach», sagte Saskia.

«Das ist nur meine äußere Hülle. Mein eigentliches Ich liegt in Morpheus' Armen.» Die Frau schwankte hin und her. Aus der Wohnung kroch der Geruch von Räucherkerzen oder Duftlampenöl. Und es roch intensiv nach Katzenstreu. Die Mischung verursachte Würgereiz.

«Ja dann …» Kim nickte ihr zu. «Eine gute Nacht.»

«Sie schlafen wohl auch gerade», stellte die Frau fest.

«Nein, nein, wir sind wach», sagte Julia verwundert.

«Ich stelle fest, dass Sie Ihre Nachtwäsche tragen. Im Gegensatz zu mir – ich trage Tag und Nacht meine geweihten Gewänder. Seitdem ich Frührentnerin bin, habe ich ja auch nichts anderes zu tun. Und nun lassen Sie mich in Ruhe. Ich hab's nicht so mit der Nachbarschaft.»

Saskia sah zuerst an sich hinunter und dann zu den anderen. Die Frau hatte recht.

«Vielleicht war es doch keine so gute Idee, gleich von zu Hause auszuziehen. Vielleicht hätten wir erst mal üben sollen», mutmaßte Nicole trocken.

Da es ein Samstag war, waren alle zu Hause. Nelli und ihre Mutter kannten sie ja schon, im Treppenhaus allerdings trafen sie dann noch auf den Vater, der Hansi an einer Leine über den Dielenboden schleifte, was sehr anstrengend sein musste. Jedenfalls schwitzte der Mann, der sich ihnen als Boris Reinhardt vorstellte und meinte, er habe schon gehört, dass neue Mieter einziehen würden.

«Ach so», sagte er dann freundlich und zwinkerte ihnen zu. «Wir haben heute Abend Freunde eingeladen.»

«Wie schön», sagte Nicole verwirrt. Was ging sie das an, ob er Freunde eingeladen hatte?

«Na ja, es sind ziemlich viele Leute», erklärte Herr Reinhardt. «Und so viele Gartenstühle gibt es ja nicht. Weil wir ja auf der Terrasse sitzen werden, deswegen.»

«Auf der Terrasse», wiederholte Julia.

«Richtig.» Herr Reinhardt grinste. «Das gute Wetter muss man doch ausnutzen. Und es ist ja nur einmal pro Woche Samstag. Wo ist eigentlich der Grill? Haben die Vormieter ihn mitgenommen?»

«Herr Reinhardt», mischte Saskia sich ein und setzte wieder ihren «Ich bin ein kleines, unschuldiges Lämmchen»-Blick auf. «Der Garten ... also es ist so, dass der

Garten … und auch die Terrasse …» Sie geriet ins Stocken.

«… einfach wunderbar sind», ergänzte Boris Reinhardt ihren begonnenen Satz. «Und das Wetter spielt auch mit. Das ist doch herrlich. Also, man sieht sich.» Er drehte sich um und zog Hansi hinter sich her. Der Hund sah aus, als hätte er bereits das Zeitliche gesegnet.

«Was machen wir denn jetzt?» Kim fragte das. Sie standen immer noch im Treppenhaus und tuschelten. «Das sind ja nur Irre hier. Wie ist denn das möglich?»

«Na ja, Professor Haselmaus scheint mir auch nicht gerade normal zu sein», kam es von Saskia.

«Ja, Püppi, das mag ja stimmen, aber es hilft uns jetzt auch nicht weiter. Die können doch nicht einfach unseren Garten benutzen, wann sie wollen. Wir müssen was sagen.»

«Aber wie denn? Ich will es mir nicht gleich am Anfang mit allen verderben. Mir reicht's schon, dass dieser Giftzwerg mit dem Gehstock gegen uns ist», sagte Julia verzweifelt.

«Wehret den Anfängen!», rief Nicole. «Das sagt mein Vater immer.»

«Der wehrt sich wohl gegen gar nichts», meinte Kim. «Der hockt doch immer nur drin und liest in seinen verstaubten Büchern. Ich finde, wir machen jetzt Nägel mit Köpfen, klingeln oben bei Frau Reinhardt und sagen, dass das so nicht geht.» Sie kam sich richtig verwegen vor. Und so mutig!

«So machen wir das», nickte Saskia todesmutig.

«Okay.» Das war Nicole.

«Gut», sagte Julia.

«Wer sagt es?», fragte Kim, die nun wieder ganz die Alte war und ein bisschen ängstlich aussah. «Ich nicht. Ich kann das nicht. Ich bin so nicht erzogen worden.» Diese Argumentation hielt sie für überzeugend.

«Für so was bin ich nicht die Richtige», warf Nicole ein. «Meine Eltern haben … haben mich zur Demut oder so was Ähnlichem erzogen.»

Julia setzte dem Ganzen noch die Krone auf: «Ihr wisst es vielleicht noch nicht, aber in Stresssituationen fange ich seit neuestem an zu stottern.»

«Ihr seid Pfeifen», ärgerte sich Saskia. «Dann mach ich das eben.»

«Nein!», riefen die anderen und dachten gar nicht mehr daran, dass sie ja leise reden wollten. «Du machst alles noch viel schlimmer.» Dann waren sie wieder schlagartig still, weil es irgendwo im Haus klingelte. Der Türsummer wurde aus einer Wohnung betätigt, und zwei Männer, die offenbar südländischer Herkunft waren, stiefelten die Treppe hoch. Sie schleppten zwei übereinandergestapelte Klappboxen, in denen sich durchsichtige Plastiktüten befanden.

«Alo», sagte der eine von ihnen. «Wo geht zu Sommer?» Möglicherweise waren es die Brüder von Dimitri und Stanislaw. Wer wusste das schon?

«Keine Ahnung», sagte Kim.

«Wo wohnst du? Nigt hier?»

«Doch. Aber erst kurz.»

«So groß ist Haus nigt. Wo geht zu Sommer?», fragte der andere, der bereits unruhig wurde.

«Wahrscheinlich weiter oben», erklärte Saskia.

«Passt du auf Zackbarsch auf», sagte der eine Mann zum anderen. «Is sisch total aggressiv. Nigt, dass Tute durgbeißt.»

Kim sah in die obere Kiste. In den Plastiktüten schwammen Fische.

Oben wurde eine Tür geöffnet, und jemand rief ängstlich: «Hallo?»

«Sin mir Kurier von Firma Kropp!», schrie Südländer Nummer eins. «Bring mir dir Fisch.»

Die vier Mädels sahen nach oben. Am Treppengeländer des obersten Stockwerks stand ein Mann, der nicht wie ein Mann aussah, sondern wie ein nach einer Hetzjagd sehr erschöpfter Fuchs. Er war winzig klein und hatte karottenrote Haare, die tragischerweise so aussahen, als seien sie nicht gefärbt. Sein Gesicht war ebenfalls orange, und er trug eine Brille, die eine orangene Fassung hatte. Auf seinem hellen orangefarbenen T-Shirt stand in Dunkelorange: *Möhren sind gesund*. Welche Farbe seine Hose hatte, wenn er überhaupt eine trug, konnte man nicht erkennen. Die Vermutung lag aber nahe, dass es eine orangefarbene Hose sein könnte.

«Welche Fische?» Seine Stimme drohte zu kippen.

«Fisch, wo du gewonn hast!», jubelte einer der Südländer, sah seinen Kollegen auffordernd an, und gemeinsam wuchteten sie die Boxen weiter nach oben.

Julia, Kim, Saskia und Nicole folgten ihnen – wie sie hofften unbemerkt – und blieben neugierig am unteren Treppenabsatz des obersten Stockwerks stehen.

«Ich verstehe gar nichts», sagte die Karotte, die eine Karottenjeans trug, die natürlich ebenfalls orange war, wenn auch schon etwas blass, weil zu oft gewaschen.

«Sind Fisch, wo du in Preisausschreib hast gewonne.»

«Ach herrje.»

«Magst du kein Fisch?»

«Doch, doch. Natürlich mag ich Fische. Sehr sogar.

Aber ich habe gar keinen Platz für die alle. Ich wusste ja nicht, dass es so viele sind.» Er kratzte sich am Kopf und sah ratlos aus.

Nun wurden die Südländer leicht ungehalten.

«Willstu nehm auf Arm uns. Hastu Fisch gewonne. Gewinn is Gewinn. Machst du kein Ärger net. Hast du gewonne und musstu jetzt nämme. Brauchst du fur Fisch aug net viel Platz. Nimm du Obstschal odär Gießkann un gud is.» Der ältere der Kuriere hatte die Lösung parat.

«Genau», sagte der andere. «So goldische Fisch. Hüppe lustisch rum, mache viel Freude dir.»

«Ja, aber …», versuchte die Karotte, wurde aber jäh unterbrochen.

«Sei dog guder Mensch. Bist du nigt mehr allein, hast du immer Underhaldung. Magst du näkste Mal nett mär mit bei Ausschreibe von Preise. Schau dog Fische. Habbe sisch schon so gefreut zu leb bei neue Herrsche.» Nun versuchte man es auf die Mitleidstour. Offenbar hatten die beiden noch etwas anderes vor und waren nicht dazu bereit, den Rest des Tages mit einem Hausbewohner über die Lieferung zu diskutieren.

«Genau», sagte der andere wieder. «So goldische Fisch. Hüppe lustisch rum, mache viel Freude dir.»

Kim begann zu kichern und wurde von den anderen mit Blicken beinahe erdolcht. Auf keinen Fall wollten sie, dass die Männer wütend wurden und womöglich noch mit dem Zackenbarsch auf sie losgingen.

Die Karotte wand sich wie ein Aal: «Aber ich habe überhaupt keine Ahnung von Fischpflege. Die Teilnahme an diesem Preisausschreiben war ein tragischer Irrtum. Ich möchte alles rückgängig machen.» Er nickte zur Bekräftigung und sah dabei so aus, als würde er am liebsten anfangen zu heulen.

Die Südländer schienen eher zu anderen Methoden greifen zu wollen. Sie versuchten es trotzdem weiter mit Freundlichkeit.

«Ach, hast du bestimmt schon Fisch in Teisch gefuttert. Brot in Teisch un gud. Genauso du magst mit diese Fisch. Alles klar?»

«Nein», sagte die Karotte. «Ich möchte diese Fische nicht haben. Ca… ca… capito? Ich gehöre nicht zu der Sorte Männer, die Fische besitzen. Ich … ich bin ein knallharter Geschäftsmann, der … der … äh … der gar keine Zeit hat für so was. Bitte, bitte, nehmen Sie die Fische wieder mit.» Die Karotte wurde unruhig.

«Wie du will.» Der Kleinere der beiden Kuriere war nun hochgradig erregt. «Gud. Dann mir muss mag kurze Prozess.» Er zog einen Dolch hervor und hielt ihn drohend vor die Nase des orangefarbenen, knallharten Geschäftsmanns. Dann beugte er sich zu einer der Plastiktüten hinab und sagte: «Will bose Mann eug nigt habe. Bose Mann kein Herz fur arme Fisch.»

«Genau», sagte der andere wieder. «So goldische Fisch. Hüppe lustisch rum, mache viel Freude dir.»

«Das ist ja furchtbar», murmelte Julia. «Der wird doch nicht die unschuldigen Fische umbringen.»

«O nein!», schrie die Karotte los. «Bitte tun Sie das nicht!»

«Vielleicht wollen die *ihn* ja umbringen», mutmaßte Kim panisch im Flüsterton und versuchte an der Wand Halt zu finden.

«Ja, vielleicht», meinte Nicole emotionslos. «Ob es ein Verlust wäre?»

«Hör auf. Du spinnst wohl», wisperte Saskia.

«Dann du nimm Fisch. Oder wir muss mag kurze Prozess!» Nun brüllten die beiden Fischtransporteure um die Wette.

Die Wohnungstür gegenüber wurde geöffnet.

Die vier Mädels hielten sich mittlerweile wie Ertrinkende aneinander fest.

«Ogottogottogott», sagte Kim andauernd.

«Du lernst es wirklich nie, Benno. Warum lässt du es nicht einfach mal sein?» Noch eine Männerstimme. Gleich würde es ein Scharmützel geben.

«Stefan! Du bist zu Hause! Oh, wie gut, wie gut. Du hättest ja auch wirklich mal früher rauskommen können, um mir zu helfen. Jetzt habe ich die ganzen Fische am Hals. Wie soll ich das denn bloß Heinz erklären? Er wird mich umbringen.»

«Irgendwann musst du es mal lernen», sagte die neue Männerstimme ernst. «Egal, ob es sich um Preisausschreiben oder die Auktionen bei eBay handelt. Ich habe dir damals schon geholfen, als du versehentlich die vierhundert Rhododendronsträucher ersteigert hast. Und bitte erinnere dich an das Teeservice für achtundneunzig Personen, das mit den Koalabärchen drauf, die nach Eukalyptusblättern schreien. Wer hat das alles wieder hingebogen?»

«Du», sagte die Karotte zerknirscht. Man sah jetzt einen weiteren Kopf im oberen Stock, aber richtig erkennen konnte man nichts.

Kim verrenkte sich fast den Hals.

«Wer hat gesagt: ‹Benno, mach nicht bei diesem Preisausschreiben mit, bei dem du fünfzig Klobrillen mit botanischen Motiven gewinnen kannst, weil du sie hundertprozentig gewinnen wirst.›?»

«Du, Stefan, du. Aber ich kann doch nichts dafür.»

«Und wer hat immer wieder zu dir gesagt: ‹Benno, lass es einfach sein, irgendwann helfe ich dir nicht mehr.›?»

«Du warst es.» Nun heulte die Karotte wirklich los. «Ich bereue das auch wirklich alles. Bitte glaub mir.»

«Und hat es was genützt?», fragte dieser Stefan mit inquisitorischer Strenge.

«Du.» Benno korrigierte sich rasch. «Ich meine: nein.»

«Na also. Man sollte dir einfach den Computer wegnehmen.»

«Das geht nicht. Heute Abend um acht geht die eine Versteigerung zu Ende. Ein Rauchverzehrer aus himmelblauer Keramik. Fünfziger Jahre. Das ist ein absolutes Schnäppchen.»

«Aber du rauchst doch gar nicht», sagte Stefan resigniert.

«Ja, das stimmt. Aber wenn ich mal damit anfange, habe ich dann gleich einen Rauchverzehrer und muss nicht ständig die vergilbten Wände frisch streichen.» Die Karotte beherrschte logisches Denken bis zur Vollkommenheit. «Stefan! Was mache ich denn jetzt mit den Fischen?»

«Meine Güte!» Stefan schüttelte den Kopf und schaute die beiden vom Kurierdienst an, die gar nichts mehr sagten, sondern ebenfalls den Kopf schüttelten. «Geben Sie her. Ich regle das schon.»

«Gud.»

«Gud.»

Die beiden tippten sich an ihre Schirmmützen und gingen die Treppe hinab. Vor den vier Mädels blieben sie stehen.

«Musst ihr vorsigtig sein», sagte der eine leise zu ihnen. «Sin hier in Haus glaub ig nur gestort Leud.»

«Äh … danke.» Julia lächelte gequält.

«Wenn ihr nigt passt auf, ihr aug irgendwann bekloppt.»

«Hahaha», machte Nicole verzweifelt.

Die Männer verließen das Haus. Die Mädels horchten weiter.

«Ich fasse es nicht», sagte Stefan. «Die haben dir Fliegende Fische angedreht.»

«Oh», machte die Karotte. «Wo kriegt man so was schon? Wie gut, dass es Preisausschreiben gibt!»

«Das war das letzte Mal, Benno, ich schwöre es, das letzte Mal», sagte Stefan, und dann bückten sich beide, nahmen die Klappboxen und begaben sich in die Wohnung der Karotte.

«Wie schade», flüsterte Julia. «Ich meine, wie gut, dass alles glimpflich abgelaufen ist», korrigierte sie sich, nachdem sie die anderen angesehen hatte.

elf

«Ich geh da jetzt nicht hoch und stelle mich vor», sagte Saskia entschlossen und mit verschränkten Armen. «Die sind hier alle komisch.»

«Wieso? Dieser Stefan schien doch ganz normal zu sein», sagte Julia.

«Das ist ja das Komische», erklärte Saskia, und keiner verstand, was sie meinte.

«Der tut nur so, als sei er normal», versuchte sie ihren Mitbewohnerinnen zu erklären. «Aber eigentlich ist er ein … ein Kind des Teufels. So wie diese Frau unten. Die Untote.»

«Kannst du mal aufhören mit diesem Scheiß», wurde sie von Nicole angefahren. «Da kriegt man ja Angst.»

«Eben», sagte Saskia, die emotional immer noch aufgewühlt war.

«Mich interessiert nicht, ob der da oben Fische züchtet oder Klodeckel sammelt. Mich interessiert viel mehr, wie wir das mit dem Garten regeln», sagte Julia, die sich auf Nicoles Seite geschlagen hatte. «Ich habe keine Lust drauf, dass die heute Abend auf unserer Terrasse oder im Garten sitzen.»

«Wir setzen uns einfach vorher auf die Terrasse, dann ist kein Platz mehr», schlug Kim vor. «Dann hätten wir das auch geklärt.»

«Gar nichts ist geklärt. Dieser Herr Reinhardt sieht nicht so aus, als würde er sich auf Diskussionen einlassen. Wie seine Stimme schon geklungen hat. Wie von einem Richter.»

«Vielleicht können wir den Professor mal fragen, was man in solchen Fällen tut», überlegte Kim. «Er könnte ein ernstes Wort mit Herrn Reinhardt sprechen.»

«Genau», sagte Julia. «Und weißt du, wie das endet?»

«Nein.»

«Dann sitzt der Professor mit seiner Dorothea heute Abend auch auf unserer Terrasse, und sie sagt die ganze Zeit ‹Was› oder ‹Sieben›. Das kann's ja auch nicht sein.»

«Egal, zu welcher Entscheidung wir kommen, wir sollten das nicht in diesem Hausflur des Grauens besprechen.» Saskia ging die Treppen runter.

Unten ging schon wieder die Haustür auf, allerdings hatte sie nun jemand aufgeschlossen.

«Das ist der Rechtsradikale», sagte Kim, und ihre Augen wurden tellergroß.

Aber es war nur Nelli. Beladen wie ein Packesel stiefelte sie ihnen entgegen.

«Ich war einkaufen», wurden sie begrüßt. «Meine Mutter kann das nicht. Die kauft immer nur Sonderangebote. Ich allerdings ziehe Bioprodukte vor.»

«Hallo, Nelli», sagte Nicole.

«Jeder sollte sich mit Bioprodukten beschäftigen», erklärte Nelli ernst. «Wusstet ihr, dass in diesem Jahr die Informationsstelle Bio-Siegel auf der Weltleitmesse des Frischfruchthandels *Fruit Logistica* in Berlin vom 3. bis 5. Februar vertreten war? Ich war mit meiner Klasse dort. Das war auf dem Stand der Bundesanstalt für Landwirtschaft und Ernährung, also der BLE, in Halle 21. Stand D11. Da konnte man sich mal so richtig informieren. Die Mehrzahl meiner Klassenkameraden wollte ja nach München fahren, aber ich fand so was wichtiger. Es gab dort Infos rund um die Nutzung des deutschen Bio-Siegels, aber auch Antworten auf spezielle Fragen. Zum Beispiel zum Importverfahren von Bio-Produkten aus Drittländern. Hier ...» Sie hob einen Kartoffelsack hoch. «Die gute Linda gibt es ja nun bald nicht mehr. Deswegen bin ich auf die Salome umgestiegen. Schmeckt auch sehr gut und ist vielseitig zu verwenden. Sie ist vorwiegend festkochend. Ich mach nämlich für heute Abend einen Kartoffelsalat.»

Saskia stieg das Blut in den Kopf. «Für das Grillfest?»

«Ja, klar. Es kommen doch so wahnsinnig viele Leute.»

«Wie schön.» Saskia spürte zum ersten Mal in ihrem Leben, wie das Blut in ihrem Kopf rauschte. Sie konnte es wirklich hören.

«War Mama schon bei euch?», fragte Nelli.

«Nein. Warum denn?» Das war Kim.

«Na, weil das so viele Leute sind. Aber das soll Mama selbst mit euch besprechen. Tschüs.»

«Tschüs.» Sie sahen ihr nach. Das, was Nelli trug, musste dreimal so viel wiegen wie sie selbst, aber es schien ihr nichts auszumachen.

«Wir packen jetzt unsere Kisten aus, und dann sehen wir weiter», schlug Saskia vor. «Das lenkt uns wenigstens ab. Und einkaufen gehen müssen wir auch noch.»

«Alle?», fragte Nicole.

«Natürlich nicht. Deswegen haben wir ja einen Plan gemacht. Und da schauen wir jetzt drauf. Es wird sich ja wochenweise abgewechselt, falls du dich erinnerst. Da wir vier Personen sind, ist jede von uns einmal im Monat dran.»

«Ich bin da!», rief Kim vom Flur aus und klopfte gegen die Tür, weil sie ihren Schlüssel vergessen hatte. «Macht mal einer auf?»

«Wo sind denn die Tüten?» Nicole hatte ihr geöffnet und sah nur Kim und einen leeren Hausflur.

«Na, das wird angeliefert.»

«Wie bitte?»

«Das Wort anliefern erklärt wohl alles», sagte Kim fröhlich. «Wie hätte ich das denn alles herkriegen sollen?»

«So viel war es doch gar nicht.»

«Doch, es war viel.» Kim wurde trotzig, weil sie sich ungerecht behandelt fühlte. «Und noch was: Das war das letzte Mal, dass ich an einem Samstagnachmittag losgegangen bin. Die Leute drehen ja total am Rad, bloß weil morgen Sonntag ist. Wisst ihr, wie lange ich an der einen Kasse gestanden habe? Über eine halbe Stunde. Das ist total zermürbend. Das mach ich nicht nochmal. Eine Zumutung ist das.»

«So ist das eben. Du hättest auch früher losgehen können», sagte Nicole.

«Da stand aber der Plan noch gar nicht fest», konterte Kim.

«Ich verstehe nicht, warum man sich ein bisschen Brot, Aufschnitt, Joghurt und Klopapier nach Hause liefern lassen muss», warf Julia ein. «Das ist ja lächerlich.»

Jetzt wurde Kim wirklich zornig und fühlte sich zusätzlich in die Ecke gedrängt. «Wann warst du denn zum letzten Mal einkaufen?», wurde Julia schnippisch von ihr gefragt.

«Darum geht es doch gar nicht», gab Julia zurück und setzte einen arroganten Blick auf, und zwar einen von jenen, die Kim noch nie hatte ausstehen können. So hatte Julia auch immer in der Schule geschaut, wenn sie als Einzige die richtige Antwort geben konnte und alle anderen sich fühlten wie ziemlich kleine, mickrige Staubkörner, die nichts im Hirn hatten.

Ja, Julia hatte das beste Abi von allen gemacht, sogar vom ganzen Jahrgang, während sie, Kim, eher mittelmäßig abgeschnitten hatte. Julia schmierte ihre Abinote von 1,1 zwar niemandem aufs Brot, aber alle wussten es. Und manchmal schaute sie eben so, wie sie schaute, und das machte Kim irre.

Bevor sie etwas erwidern konnte, stand plötzlich ein junger Mann vor ihnen. Sie hatten die Wohnungstür gar nicht zugemacht.

«Für Ahrens?», fragte er, und Kim nickte, woraufhin

der junge Mann ungefähr zwölfmal hin- und herging und Einkaufstaschen in der Küche abstellte.

«Das wär's», sagte er dann und blieb abwartend stehen.

Kim drückte ihm einen Zwanzig-Euro-Schein in die Hand, was ihn zu einem Grinsen animierte, bevor er den Rückzug antrat.

«Du hast wohl nicht mehr alle Tassen im Schrank», polterte Saskia eine Sekunde später los. «Trinkgeld ist ja nett, aber doch nicht *zwanzig Euro*! Wo leben wir denn? Der hat die Tüten doch nicht vergoldet.»

«Das ist meine Sache!»

«Hör mal», sagte Saskia böse. «Wir haben hier eine gemeinsame Kasse, was diese Dinge betrifft, da kannst du nicht einfach über das Geld frei verfügen, wie's dir gerade passt.»

«Das haben wir so aber nicht abgesprochen.»

«Haben wir wohl. Zwar nicht gestern oder vorgestern, sondern als wir angefangen haben, diese Pläne mit der gemeinsamen Wohnung zu konkretisieren.»

«Zu konkretisieren. Ach Gott, ach Gott», äffte Kim sie nach. «Ich kann mit meinem Geld machen, was ich will.»

«Für dich sind zwanzig Euro vielleicht nicht viel Geld, für uns zum Beispiel aber schon. Wir kriegen längst nicht so viel in den Hintern geschoben wie du.»

Kim sah erschrocken aus. «So hab ich das doch gar nicht gemeint. Ich wollte doch nur nett sein.»

«Jetzt hört doch auf», versuchte Julia die beiden zu beruhigen, während Nicole schon über den Tüten hing und auspackte. Dann richtete sie sich wieder auf. «Das fasse ich nicht», sagte sie. «Kim. Wärst du so lieb und würdest mir erklären, wo das Klopapier ist? Die Küchentücher? Spülmittel? Also, um genau zu sein, würde ich gern wissen, wo sich die Dinge befinden, die auf deinem Einkaufszettel stehen.»

Jetzt sah Kim so aus, als würde sie am liebsten um sich schlagen. «Keine Ahnung», fuhr sie Julia dann an, die schon dabei war, die von Kim getätigten Einkäufe auf dem Küchentisch auszubreiten. «Interessant. Ein Pediküreset. Gänseleberpastete. Oh, ein silberner Bilderrahmen. Eine Tischdecke. Pfefferminzgelee. Wer Pfefferminzgelee auf die Liste geschrieben hatte, bitte melden. Pfirsiche. Schön. Aber warum dreißig Stück? Eine sehr hübsche Bluse, die dir sowieso nicht passt, Kim, das ist Größe sechsunddreißig. Die kannst du mir schenken.»

«Das war ein Sonderangebot. Nur zweihundertdreißig Euro», verteidigte sich Kim mit krächzender Stimme.

«Du warst unter anderem bei *Butter-Lindner* in Eppendorf.» Julia sprach das Wort Butter-Lindner so aus wie ein Soldat, der den D-Day miterlebt hatte, *Es war am 6. Juni 1944 in der Normandie* sagen würde.

«Ja und?»

«Du hättest auch gleich nach London zu Harrods fahren können», sagte Julia. «Ich bin echt sauer. Mann, Kim, wir teilen die Einkäufe durch vier, das haben wir doch ausgemacht. Und hier, was sollen wir damit? Warum hast du Schneckengabeln und eine Schnabeltasse mit einem deprimierten Einhorn drauf gekauft?»

«Das war aber nicht bei Butter-Lindner», konterte Kim, als würde diese Tatsache den Kauf rechtfertigen.

«Kim!»

«Ich dachte, falls wir mal Weinbergschnecken essen oder uns ein Kind zuläuft, das aus einem normalen Becher noch nicht trinken kann», sagte Kim verlegen.

«Dir hat jemand echt das Gehirn rausgenommen. Hast du wenigstens den Sekt mitgebracht?»

«Klar, da, in der grünen Tüte.»

«Das ist kein Sekt, das ist Champagner», sagte Julia giftig. «Ich schätze, pro Flasche hat der dreißig Euro oder so gekostet.»

«Vierzig», murmelte Kim.

«Wir werden den Plan ändern», sagte Julia. «Ab sofort gehst du nicht mehr einkaufen. Weder zu Butter-Lindner noch zu Lidl. Wahrscheinlich würdest du dich dort in den Gängen eh nicht zurechtfinden.»

Kim wollte den Rest des Tages eigentlich schmollend in ihrem neuen Zimmer verbringen und ihre Brautkleider nacheinander anprobieren, aber das ging nicht, weil es keinen Platz gab, wo sie sie hätte anziehen können. Es sei denn, sie würde sich auf eine der Kisten stellen, aber das schien ihr dann doch zu gefährlich. Und so schaffte sie es gerade mal, eine Viertelstunde alleine zu sein, weil es dann schon wieder klingelte und Nellis Mutter, die gute Frau Reinhardt, die über ein so reichhaltiges Getränkeangebot verfügte, auf der Matte stand. Sie trug eine Schürze, auf der sich schon etliche Flecken befanden, und strahlte.

«Ist das nicht ein wunderschöner Tag?», rief sie.

Nicole, die geöffnet hatte, konnte das nicht bestätigen, da sie heute noch gar nicht draußen gewesen war, nickte aber trotzdem und rang sich ein Lächeln ab. Sie war auf der Hut und hatte Angst vor dieser Frau, ihrem Mann und der Tochter. Vor dem Hund auch. Und sie hatte Angst vor dem, was Frau Reinhardt als Nächstes sagen würde.

«Wenn Sie so lieb wären und ab jetzt die Wohnungstür offen lassen», sagte Frau Reinhardt und nickte, als wollte sie sich die Antwort darauf selbst geben. «Das ist doch ein ziemliches Geschleppe. Immerhin kommen zwanzig Leute, wir sind schon den ganzen Tag am Ackern. Was haben Sie eigentlich heute vor?»

«Eigentlich wollten wir gemütlich im Garten sitzen», antwortete Saskia mit giftiger Stimme.

«Ach wo», sagte Frau Reinhardt und lachte glockenhell auf. «Im Garten können Sie doch auch morgen noch sitzen. Das heißt, Moment, morgen hat Nelli ja die Mädchen aus dem Hula-Hoop-Kurs da. Ich weiß aber nicht, um wie viel Uhr. Na ja, das wird sich noch zeigen. Aber jetzt, wo Sie ja gar nicht gemütlich im Garten sitzen können, haben Sie doch sicher was anderes vor?»

«Nein», sagte Saskia grundböse.

«Prima. Wirklich prima.» Frau Reinhardt, die ihre Haare zu einem Pferdeschwanz gebunden hatte, strich eine vorwitzige Strähne hinters Ohr und pustete ihren Pony aus der Stirn. «Dann können Sie ja die Mayonnaise für den Nudelsalat machen.» Sie zwinkerte Saskia zu. «Und Sie …», Blick auf Kim, «… können die Badewanne mit kaltem Wasser vollaufen lassen und darin die Getränke kühlen, die Kästen stehen noch bei uns in der Garage, die ist in der Nebenstraße, ich geb Ihnen gleich den Schlüssel, ach so, und wenn Sie bitte Ihren Kühlschrank ausräumen, wir brauchen ja noch Kühlmöglichkeiten für die Desserts. Okay?»

Kim nickte automatisch und stellte sich vor, wie Frau Reinhardt wohl reagieren mochte, wenn sie ihr gegen beide Schienbeine treten oder ihr den Zopf wortlos abschneiden würde.

Derweil wurden weiter Aufgaben verteilt, wobei die Krönung war, dass Julia Frau Reinhardts Bügelwäsche übernehmen sollte, weil man ja wegen der Gäste zu nichts kam. Nicole wiederum sollte draußen decken und den Grill suchen, der seit dem letzten Fest verschwunden war, aber ja irgendwo sein musste.

«Und um neunzehn Uhr, wenn die ersten Gäste kommen, muss aber wirklich alles fertig sein», sagte Frau Reinhardt, drückte Kim den Garagenschlüssel in die Hand und verschwand nach oben.

zwölf

«Nein, wir regen uns gar nicht auf. Wir ziehen das jetzt durch, und morgen reden wir Klartext mit diesen Leuten.» Nicole hatte die Wortführung übernommen. Man saß im Wohnzimmer auf dem Boden und trank den warmen Champagner aus der Flasche. Der Kühlschrank durfte ja wegen der Desserts nicht benutzt werden.

Saskia kochte vor Wut. «Glaubst du, ich stelle mich jetzt hierhin und mache diese scheiß Mayonnaise?», fragte sie wütend.

«Ja», erklärte ihr Nicole. «So können wir wenigstens morgen sagen, dass wir keine Spielverderber waren.»

«Das können wir auch jetzt.»

«Püppi, jetzt denk doch mal nach. Wenn wir uns am ersten Tag so aufführen, haben wir doch unseren Ruf weg.»

«Das ist mir egal. Außerdem laberst du totalen Quatsch. Wir haben jedes Recht der Welt, einfach nein zu sagen zu dem Zirkus.»

«Ja, klar. Sollten wir aber nicht. Was meint ihr?» Nicole sah Kim und Julia an, die unschlüssig Löcher in den Boden starrten.

«Keine Ahnung», sagte Julia schließlich.

«Ich fasse nochmal zusammen», resümierte Saskia. «Das ist *unsere* Mietwohnung, *unser* Garten, und wir werden von Frau Reinhardt einfach so dazu verdonnert, ehrenamtlich ihre Grillparty vorzubereiten, noch nicht mal *gefragt* hat sie uns, sondern ist davon ausgegangen, dass wir so blöde sind, das einfach zu *machen*, und dann dürfen wir noch nicht mal *dabei* sein. Das ist doch eine *totale* Unverschämtheit.»

«Ist es ja auch. Aber ich finde, wir sollten jetzt trotzdem nicht so auf den Putz hauen.»

«Dann machen wir es eben», sagte Kim. «So haben wir wenigstens einen guten und positiven Einstand.»

«Welchen Einstand? Ich wiederhole: Wir sind gar nicht eingeladen. Wir dürfen nur die Handlanger spielen.»

«Und wennschon.» Julia nickte. «Nicole hat recht. Es ist nicht gut, es sich gleich zu Anfang mit den Nachbarn zu verderben. Vielleicht ist das ja auch ganz normal, wenn man irgendwo einzieht. Das ist eventuell immer so.»

«Ihr habt einen Vollschaden», regte sich Saskia auf und wollte gerade anfangen herumzukrakeelen, als Frau Reinhardt im Türrahmen stand.

«Da bin ich», keuchte sie. «Diese Treppen! Dauernd rauf und runter. Hier sind die Nudeln, die müssen bissfest gekocht werden. Hier ist Öl, und da haben wir die Eier. Haben Sie Zwiebeln und Erbsen und Tomaten und diese lustigen kleinen Partygurken im Haus?»

«Nein, aber eine Schnabeltasse», schnaubte Saskia

und riss ihrer Nachbarin die Sachen aus der Hand, was die mit einem gestressten Lächeln kommentierte.

«Nelli hat die Hälfte von dem, was ich ihr aufgeschrieben habe, einfach nicht mitgebracht, weil es keine Bioprodukte waren», erklärte sie. «Aber das schöne Zauberwort heißt ja Nachbarschaftshilfe.»

«Du müsstest dich eigentlich mit Nelli wunderbar verstehen von wegen nicht mitbringen», flüsterte Nicole Kim zu und grinste, während Saskia die Zutaten mit voller Wucht auf den Küchentisch knallte.

«Es müsste dann nur nochmal jemand von euch los und die Erbsen und die ...»

«Tomaten und die Zwiebeln und diese lustigen kleinen Partygürkchen besorgen», vervollständigte Julia den Satz. «Das machen wir doch gern. Fehlt denn sonst noch was?»

Saskia sagte gar nichts mehr, sondern studierte konzentriert die Aufschriften auf den Nudelpackungen, aber man sah ihr genau an, dass sie nur so tat.

Am liebsten hätte sie alle geschlagen. Dass das mit der eigenen Wohnung so kompliziert werden würde, hätte sie im Traum nicht gedacht.

Wenn sie sich noch nicht mal den Nachbarn gegenüber gleich zu Anfang durchsetzten, wie sollte das alles noch enden?

Gegen neunzehn Uhr kamen die ersten Gäste. Boris Reinhardt hatte den Grill gesucht und ihn schließlich in dem kleinen Schuppen unter einer Plane gefunden.

«Wer hat den da hingestellt?», beschwerte er sich mehrfach. «Den braucht man im Sommer doch ständig. Na ja, die Vormieter, die Schmidts, die hatten es nicht so mit dem Grillen. Überhaupt, wie der Schuppen aussieht, da muss mal richtig aufgeräumt werden. Das müssen Sie bald machen, sonst finden Sie hier gar nichts mehr.»

Nicole, die neben ihm stand, nickte nur. Sie hatte den Nachmittag damit verbracht, Geschirr und Besteck nach unten zu tragen. Davor war sie mit Nelli nochmal zu einem ganz speziellen Wochenmarkt gelaufen, auf dem es ab 13 Uhr vieles günstiger gab. Natürlich alles aus biologischem Anbau. Die Stunde mit ihr auf diesem verdammten Markt hatte Nicole an den Rand eines Zusammenbruchs gebracht, weil Nelli ununterbrochen am Plappern war und alles besser wusste als Nicole und die Standbesitzer, die teilweise schon seit fünfzig Jahren ihren Laden betrieben. Manche, so musste Nicole feststellen, versteckten sich, als Nelli auftauchte. Es waren gestandene Männer dabei, die gut und gerne ihre hundert Kilo wogen und sich normalerweise mit ausgeprägtem Selbstbewusstsein und dicken Sprüchen als Marktschreier betätigten, aber nun plötzlich ganz dringend nachschauen mussten, ob die Spanholzplatte auch korrekt zentriert war.

Es war wirklich so. Die Leute wichen vor dieser Sechsjährigen zurück. Keiner ließ sich auf eine längere Diskussion mit ihr ein. Und sie bekam, was sie wollte. Es drängelte sich auch niemand vor, wie das bei Kindern gern gemacht wurde – eine Tatsache, an die Nicole sich noch sehr gut erinnern konnte.

Es war schlicht nicht zu fassen. Nelli war ein Wunderkind. Sie rechnete Beträge blitzschnell im Kopf zusammen und kontrollierte sofort das Wechselgeld.

«Sonst habe ich keinen Anspruch mehr», erklärte sie Nicole ernst. «Aber ich finde, das ist eine rechtliche Grauzone. Hier wird ja sowieso nichts in Kassen eingetippt. Sonst könnte ich warten bis nach Kassenschluss, das habe ich schon ein paarmal gemacht. Und jedes Mal war der Differenzbetrag auf den Cent genau zu meinen Gunsten.»

«Aha», sagte Nicole.

«Viele Leute mögen mich nicht, weil ich so gewissenhaft bin. Im Supermarkt hat sogar mal eine Kassiererin zu mir gesagt, ich würde schon auffallen. Dabei hat *sie* versucht, Kunden zu betrügen. Aber nicht mit mir.»

«Natürlich nicht», sagte Nicole.

«Ich lasse mir auch kein falsches Biofleisch andrehen», erklärte sie weiter. «Das erkenne ich von weitem. Nicht nur am Gütesiegel. Das machen die mit mir nicht nochmal. Einmal haben sie's versucht.» Nelli nickte. «Tja, Strafanzeige. Ich kenne die Paragraphen. Nur weil ich erst sechs bin, heißt das ja nicht, dass ich keine Rechte habe. Natürlich bin ich eingeschränkt geschäftsfähig, das weiß ich wohl, aber wenn es nach mir ginge, könnte man das gleich ändern.»

«Was möchtest du denn später mal beruflich machen?», fragte Nicole, die von Nelli mit Fleischpaketen beladen wurde.

«Ich werde Staatsanwältin», sagte Nelli ernst. Jedes andere Kind hätte gesagt, dass es Zirkustänzerin werden wollte oder vorhatte, einen Bonbonladen zu eröffnen. Dann sagte Nelli: «Mein erstes Wort war nicht Mama oder Papa, sondern Ordnungswidrigkeitsverfahren.»

«Aha», sagte Nicole.

Mit den Worten «Ja, was stehen Sie denn da herum, das Fleisch muss doch mariniert werden» wurden sie von Nellis Vater begrüßt, der verschwitzt, aber guter Dinge in ihrer Küche stand. Diese sah jetzt nicht mehr aus wie eine normale Küche, sondern wie ein Zwischenlager für Lebensmittel, die man während einer dreiwöchigen Kreuzfahrt der Queen Mary II benötigte. Es fehlte nur noch, dass irgendein Chefkoch mit einer hohen Mütze nervös durch die Gegend lief, meterlange Listen kontrollierte und die Angestellten, in diesem Fall die Bewohnerinnen der Wohnung, zusammenstauchte. Aber im Prinzip tat Herr Reinhardt nichts anderes.

Saskia, die gerade Frühlingszwiebeln klein schneiden wollte, legte das Messer lautstark auf den Tisch, auf dem noch immer das Frühstücksgeschirr und unausgepackte Kisten standen.

«Das Öl steht oben bei uns. Holen Sie es?»

Nicole straffte die Schultern und wagte einen Gegenangriff. «Warum kann man es nicht in Ihrer Küche marinieren?» Sie war stolz auf sich, weil sie so etwas wie eine Verweigerung ausgesprochen hatte. Zumindest fast.

«Es reicht doch wirklich, wenn eine Küche eingesaut ist», sagte Herr Reinhardt und schüttelte den Kopf. Dabei sah er Nicole so an, als hätte die gerade die blödeste aller Fragen auf der Welt gestellt.

«Sieht das schön aus!» Eine Freundin von Frau Reinhardt betrachtete den gedeckten Tisch. Es war eine lange Tafel, die aus aneinandergestellten Biertischen bestand, die von einem anderen Nachbarn ausgeliehen worden waren. Darauf lagen verschiedene weiße Tischdecken, und Nicole hatte alles toll arrangiert und sogar noch mit Blumen geschmückt. Warum sie das getan hatte, wusste sie nicht mehr. Möglicherweise hatte ihr Gehirn es verdrängt, was auch gut war. Es hieß ja immer, dass man sich später nur an die guten Sachen erinnerte.

Jedenfalls standen Unmengen von Schüsseln mit Salaten und Brotkörbe auf den Tischen, und es konnte losgehen.

Die vier hatten entsetzlichen Hunger.

«Vielen Dank», strahlte Frau Reinhardt und klopfte ihnen nacheinander auf die Schulter. «Und? Wollen Sie jetzt wirklich noch Kisten auspacken?»

Julia hatte diesen Vorwand benutzt, um Frau Reinhardt klarzumachen, dass es ihnen überhaupt nichts ausmachte, nicht eingeladen beziehungsweise ausgeladen worden zu sein.

«Äh, ja», nickte Saskia, und Kim schloss sich ihr an.

Herr Reinhardt stand schon an dem überdimensionalen Grill und brutzelte sich einen ab. Zufrieden glotzte er auf Steaks und Bratwürste, während Julias Magen so laut knurrte, dass man ein Tier in ihr hätte vermuten können. Sie stellte sich vor, wie gleich ein Stück Kräuterbutter auf einem der Steaks zerlaufen würde, und hätte am liebsten angefangen zu heulen.

Na ja, sie könnten sich ja Pizza bestellen und tatsächlich auspacken.

«Einen schönen Abend dann», sagte Julia schließlich und ging ins Haus. Die anderen liefen ihr hinterher.

dreizehn

«Gute Nacht», sagte Kim, nachdem sie die Terrassentür, die wegen des Getränkenachschubs in der Badewanne und der Desserts im Kühlschrank offen bleiben musste, angelehnt hatte. «Ich für meinen Teil suche jetzt mein Bett und lege mich rein. Die Vorstellung, dass die da draußen jetzt bis in die Puppen feiern und wir bei dem Wetter in der stickigen Bude hocken, macht mich irre.»

Saskia nickte. «Du hast recht. Ich bin auch müde.»

«Ich auch», sagten Julia und Nicole halbherzig.

Draußen hatte es fünfundzwanzig Grad, und es war noch nicht mal acht Uhr. Sie waren jung und gesund, es war Samstagabend, und natürlich hätten sie auch noch etwas unternehmen können. Freundinnen und Freunde hatten sie genug. Aber sie waren beleidigt und wollten vor allen Dingen nicht, dass irgendjemand das hier mitbekam. Sie kannten sich: Sie würden die Klappe nicht halten können.

Also gingen sie ins Bett. Morgen war schließlich auch noch ein Tag. Und morgen würden sie unter allen Umständen die Sachlage mit dem Garten klären.

Mit diesem Vorsatz schliefen sie ein. Draußen lärmten die Gäste. Der Geruch des Fleischs kroch in die Wohnung und natürlich auch Lachen.

Man schien viel Spaß zu haben.

Dass alle anderen Hausbewohner, den alten griesgrämigen Mann mal ausgenommen, später noch hinzukamen, bekamen sie nicht mit. Sogar dass die Untote noch anrückte, verschliefen sie.

«Frau Reinhardt, wir müssen bitte mit Ihnen reden.» Es war Sonntagmorgen, zehn Uhr. Julia war als Erste wach gewesen, hatte die anderen geweckt, und sie hatten Aufbackbrötchen mit der überteuerten Leberpastete von Butter-Lindner gegessen und wollten dann die Küche aufräumen, in der es aussah, als hätte eine Bombe eingeschlagen.

Christine Reinhardt, die sehr gute Laune hatte und einen rosafarbenen Jogginganzug trug, sah sie fragend an. «Ja?»

«Es geht um so einiges», redete Julia weiter und schaute hilfesuchend zu Saskia, die doch gestern noch so stinksauer gewesen war.

«Um was geht es denn?»

Julia war froh, dass Nelli nicht da war, sonst hätte sie sich bestimmt anhören müssen, dass «einiges» eine schwammige Bemerkung war und man schon so formulieren müsste, dass das Gegenüber mit der Aussage etwas anfangen konnte. Und mit Sicherheit hätte Nelli ihr auch noch erklärt, dass man anstatt «einiges» auch «allerhand», «dies und das», «diverses», «etliches» und «verschiedenerlei» hätte sagen können.

«Um gestern», sagte Julia und fühlte sich plötzlich spießig.

«Ja?»

«Wir fanden das nicht in Ordnung.» Jetzt endlich kam mal was von Saskia, der das aber auch unangenehm zu sein schien. Sie hüstelte dümmlich herum, um Zeit zu schinden, während Frau Reinhardt die Augenbrauen hochzog und verständnislos aussah.

«Dass Sie unseren Garten einfach zum Feiern benutzen.» Jetzt war es raus. Saskia war froh.

Frau Reinhardt sah aus wie ein Fragezeichen. «Das verstehe ich jetzt nicht», sagte sie dann. «Was heißt denn Ihr Garten? Das ist unser Garten.»

«Wie bitte?», fragte Kim entsetzt.

Frau Reinhardt nickte. «Ja, schon immer. Das haben wir schon vor Jahren mit Professor Haselmaus vertraglich geregelt. Nächste Woche endlich kommt die Treppe.»

«Treppe?» Nicole.

«Ja. Unser Balkon geht ja zum Garten raus. Und da wird eine Treppe angebracht, so eine Art Wendeltreppe, damit wir nicht immer durchs Haus müssen und dann durch den Hintereingang raus. Das ist wirklich eine schöne Treppe. Schmiedeeisern. Ein befreundeter Handwerker ist gerade am Schweißen. Ins Geländer kommen wunderschöne Lilien. Das …»

«Aber der Vertrag», sagte Saskia. «Der Mietvertrag.»

«Haben Sie den denn wirklich genau gelesen?», wollte Frau Reinhardt wissen. «In unserem steht das explizit drin.»

Saskia wurde rot. «Ich glaube schon.»

«Glauben heißt nicht wissen. Übrigens, sind Sie denn gestern Abend noch mit dem Auspacken fertig geworden?»

Sie schüttelten den Kopf. «Wir haben nicht mehr weitergemacht», sagte Kim.

«Hm», machte Frau Reinhardt. «Dann hätten Sie doch auch mit uns feiern können. Die ganzen leckeren Sachen. Es war natürlich viel zu viel, ich kaufe immer zu viel ein beziehungsweise Nelli.»

«Aber Sie haben doch gesagt, dass Sie uns nicht dabeihaben wollen», presste Kim hervor.

«Was habe ich?»

«Sie fragten uns, ob wir abends was anderes vorhaben.»

«Ja und?»

«Das heißt doch so viel wie: Ich will Sie nicht sehen.»

«Moment mal bitte.» Christine Reinhardt schüttelte den Kopf. «Wenn ich Sie frage, ob Sie etwas vorhaben, dann meine ich diese Frage auch so. Sie war freundlich gemeint.»

«Und dann haben Sie uns Salate machen lassen», rief Julia, als sei das so etwas wie eine Morddrohung gewesen.

«Das machen wir doch immer so», sagte Frau Reinhardt. «Jeder kann den Garten benutzen, und jeder hilft den anderen. Wir hätten uns sehr gefreut, wenn Sie dabei gewesen wären, wirklich. Mein Mann hat bestimmt mal wieder einen dummen Spruch gemacht und Sie verunsichert, stimmt's?»

«Ach, na ja ...», sagte Saskia.

«So. Und jetzt räume ich auf! Danke nochmal, dass wir die Küche benutzen konnten. Ich bring das alles wieder in Ordnung. Nelli kommt auch gleich und hilft.» Jetzt war Frau Reinhardt wieder fröhlich und legte los.

«Scheiße. Scheiße. Scheiße.» Saskia hatte den anderen die entsprechende Passage vorgelesen. «Dreimal Scheiße. Hier steht's: Wir müssen den Garten zwar pflegen, reinigen und instand halten, aber nutzen können wir ihn nur nach Absprache mit den Reinhardts. Wie ist denn das möglich? Da steht doch Gartennutzung.»

«Ja.» Nicole nahm ihr den Vertrag aus der Hand. «Da steht Gartennutzung als Überbegriff und mit einem Doppelpunkt dahinter. Und da steht exakt das, was du uns gerade erzählt hast.»

«Ist das zu fassen?», jaulte Julia los. «Wir sind zu blöde, um einen Mietvertrag zu lesen. Wir hätten ihn vorher lesen müssen, vor der Unterschrift.»

«Das ist meistens so. Das wird einem eigentlich immer geraten», sagte Saskia sarkastisch. «Mist. Aber jetzt können wir's nicht mehr ändern.»

«Wir hätten letztens im Garten nicht davon schwärmen sollen, dass wir Laubmaschinen lieben und uns um den Garten kümmern wollen», warf Kim ein. «Das haben wir jetzt davon. Wahrscheinlich hat er das für bare Münze genommen und hätte sonst jemanden engagiert, einen Gärtner oder so.»

«Vielleicht kann man das ja rückwirkend ändern im Vertrag», sagte Julia vorsichtig.

«Glaubst du, ich gebe zu, dass ich zu doof war, mir diesen Vertrag gründlich durchzulesen», wurde sie von Saskia angepampt. «Nur über meine Leiche. Dann kaufen wir uns eben ein Gartenbuch, da wird schon drinstehen, was wann wo und wie und warum geschnitten werden muss oder eben nicht.»

«Jedenfalls ist die Sache mit Frau Reinhardt geklärt», sagte Nicole. «Sie war ja vollkommen im Recht. Außerdem müssten wir ihr quasi dankbar sein, weil sie uns den Garten ja mitbenutzen lässt.»

«Ich bin nicht in der Stimmung, um dankbar zu sein», kam es von Kim. «Ich werde jetzt in der Tat mein Zimmer aufräumen. Morgen ist mein erster Arbeitstag, und ich hab keine Lust, in ein Chaos zurückzukommen.»

«Wann musst du denn in diesem Sender sein?»

«Das ist nicht *dieser* Sender, sondern *der* Nummer-eins-Sender der Stadt», wurde sie von Kim korrigiert. «Um halb acht geht's los.»

«Ich fange morgen ja auch an», sagte Saskia. «Aber schon um sechs.»

«Ich muss um acht bei diesem Doktor Würfel sein», sagte Julia. «Was ist eigentlich mit deiner Polizeischule, Nicole? Kommen die mal an den Start? Du hast dich doch da schon vor Ewigkeiten beworben.»

«Wenn ich bis Ende nächster Woche nichts gehört

habe, rufe ich da mal an», sagte Nicole. «Und denkt bitte dran, morgen zum Bezirksamt zu gehen. Die Ummeldung!»

«Weiß jemand von euch, wie man eine Waschmaschine anschließt?», wechselte Kim das Thema.

«Keine Ahnung.» Saskia hob beide Hände. «Ich und Technik, nein. Wo ist die Waschmaschine überhaupt?»

«Äh …», machte Kim und dachte nach. «Ich glaube, die ist noch im Umzugswagen.»

«Was? Wie hast du die denn überhaupt transportiert bekommen? Diese beiden Idioten haben doch nicht mal ansatzweise was angefasst.»

«Da kamen zwei Passanten vorbei, die haben mir geholfen. Da wart ihr schon weg»

«Und jetzt ist sie noch in dem Wagen?»

«Äh, ja, offenbar. Wenn sie nicht hier ist. Reingetragen haben wir sie jedenfalls nicht, daran würde ich mich erinnern.»

Sie schwiegen.

«Ich ruf mal diesen Dimitri an. Oder Stanislaw», sagte Kim betont fröhlich. «Wo leben wir denn? Die klauen doch nicht einfach eine Waschmaschine.»

«War die teuer?»

«Äh, ja, es ist die beste, die es derzeit auf dem Markt gibt. Mit integriertem Trockner. Originalverpackt. Ich glaube, so zweitausend Euro hat die gekostet. Genau weiß ich das nicht mehr, es ist schon eine Weile her, dass ich sie bestellt hatte. Aber so etwas klaut man ja nicht. Ich meine, das wäre ja nicht richtig.»

«Nein, Kim, natürlich nicht. Dieser Stanislaw sah mir so aus, als würde er nur gebrauchte Sachen klauen. Die bringen ja auch viel mehr.»

Niemand wunderte sich, dass die Rufnummern von

Stanislaws und Dimitris Mobiltelefonen nicht mehr vergeben waren.

Nachmittags übte Nelli mit ihren Freundinnen Hula-Hoop im Garten. Sie schrien und kreischten dabei, dass es kaum auszuhalten war. Und dann stand der Professor in der Tür, der ihnen erklären wollte, wie man die Rosen zu düngen hatte. Das waren nämlich teilweise sehr seltene Sorten, und die mussten speziell behandelt werden, sonst hatte man nicht so furchtbar lange Freude daran. Er würde das ja alles gern selbst machen, aber das Alter, das Alter, der Rücken, die Gicht und was sonst noch alles.

«Bald kommt meine Schwägerin mit ihrem Mann zu Besuch», erzählte er den vieren. «Und noch andere Verwandtschaft. Meine Frau feiert nämlich einen runden Geburtstag. Da gibt es noch viel vorzubereiten. Meine Frau wird backen. Das tut sie so gern.»

Das glaubten sie.

«Deirdre kommt aus Texas», erzählte er weiter. «Sie ist mit Leib und Seele Texanerin. Sie hat mal versucht, Schweine zu züchten, aber das hat nicht geklappt, weil sie eine Tierhaarallergie hat.»

«Wie schade», sagte Nicole höflich.

«Deirdre heißt auch gar nicht Deirdre», lautete die nächste Information. «Das ist sozusagen ihr Künstlername. Eigentlich heißt sie Helga, weil sie ja aus Deutschland kommt. Aber in Texas hört sich Deirdre besser an, finden Sie nicht?»

«Samantha oder Jane hätte es doch auch getan», sagte Saskia. «Ist Deirdre überhaupt ein amerikanischer Name?»

«Das ist doch egal», sagte der Professor. «Und jetzt ist

es doch auch zu spät, um den noch zu ändern. Deirdre ist schon weit über achtzig, aber noch agil wie ein Holzbein.»

«Sicher meinen Sie fit wie ein Turnschuh?», fragte Julia verwirrt.

«Möglicherweise», nickte der Professor. «Ich stelle jetzt den Dünger in den Schuppen. Man darf nicht zu viel davon benutzen, sonst gehen die Pflanzen kaputt. Diese kleinen Kügelchen haben es in sich. Man muss sie gezielt einsetzen, sonst ist alles hin. Haben Sie das verstanden?»

«Sicher», sagte Saskia.

«Haben Sie denn schon Ihre neuen Nachbarn kennengelernt?», fragte Herr Haselmaus. «Allesamt nette Leute, da leiste ich einen Eid drauf. Ach, da haben wir ja die Nelli. Na, Nelli, das ist ja ein lustiger Reifen.»

«Guten Tag», sagte Nelli höflich. «Durch das sogenannte Reifentreiben bleibe ich in Form. Nichts möchte ich weniger, als frühzeitig Speck anzusetzen. Schon Hippokrates hat das im vierten Jahrhundert vor Christus empfohlen. Menschen mit nicht ausreichender Konstitution sollten diese Reifen benutzen.»

«Ha!», rief der Professor. «Sehr gut. Sag mal, Nelli, seit wann gibt es denn die Odenwaldbahn?»

«Seit 1882. Seit 2005 wird sie mit einem Dieseltriebwagen bedient. Kursbuchstreckennummer 641.»

«Wer war Adolf Brütt?»

«Ein Bildhauer. Geboren 1855 in Husum. Gestorben 1939 in Bad Berka. Er ist unter anderem der Erbauer des Theodor-Storm-Denkmals.»

«Ha!», machte der Professor wieder.

«Sag mal, Nelli», sagte Saskia. «Ist dir das nicht selbst ein bisschen unheimlich, dass du so viel weißt?»

«Nee», antwortete Nelli. «Mir ist eher unheimlich, dass die meisten Leute, die ich kenne, so gut wie nichts wissen.» Nach diesen Worten ging sie mit ihrem Reifen zu ihren kreischenden Freundinnen zurück.

vierzehn

«Vergiss nicht, dass du diese Woche Putzdienst hast», ermahnte Julia Saskia am Montagmorgen.

«Und vergiss du nicht, dass du in dieser Woche für alle kochen musst», gab Saskia zurück.

Sie hatten tatsächlich alle Kisten ausgepackt, und so langsam, aber sicher wurde die Wohnung richtig gemütlich. Es mussten nur noch Lampen angebracht und Vorhänge aufgehängt werden. Es war fünf Uhr, sie waren solidarisch alle zusammen aufgestanden, auch wenn einige von ihnen noch hätten weiterschlafen können, und saßen gruppendynamisch am Tisch. Dieser erste Arbeitstag war für alle was Besonderes.

Sie waren erwachsen, und drei von ihnen standen in ein paar Stunden mitten im Berufsleben. Was für eine Rolle spielte es da, dass die Waschmaschine geklaut und der Mietvertrag nicht richtig gelesen worden war?

Nicole blieb allein am Küchentisch sitzen, nachdem alle gegangen waren. Sie wusste nicht, wann hier die Post kam, aber wenigstens hatte sie an einen Nachsendeantrag gedacht. Ihrer Mutter war nämlich zuzutrauen, dass sie das Schreiben der Polizeischule einfach verschwinden ließ.

Sie stellte das Geschirr in die Spüle und beschloss, erst mal zum Bezirksamt zu gehen. Dann war das auch erledigt. Später, wenn sie wieder nach Hause kam, würde sie die Vorhänge aufhängen, wenn es hier irgendwo eine Leiter gab.

Mit diesem Vorsatz nahm sie ihre Tasche und verließ die Wohnung.

Kim stand pünktlich vor dem Personalbüro bei Hallo Hamburg und war aufgeregt. Aufgeregt auch deswegen, weil niemand da zu sein schien. Sie schaute nochmal in ihren Unterlagen nach. Da stand, dass sie sich um sieben Uhr dreißig hier einfinden sollte, damit die ganzen Formalitäten erledigt werden konnten. Bei einer Frau Sternhagen. Sie war richtig. Der Name stand an der Tür, Uhrzeit und Datum stimmten auch.

So schusselig und verträumt Kim auch war, sie hasste Unpünktlichkeit. Deswegen war ihr auch die Sache mit Kassel-Wilhelmshöhe mehr an die Nieren gegangen, als sie zugeben wollte. Sie verlangte Zuverlässigkeit von sich und auch von anderen. Und dass diese Frau Sternhagen jetzt um halb acht nicht da war, so wie abgesprochen, machte sie wütend. Dann hätte sie auch länger im Bett liegen bleiben können.

Es war nun Viertel vor acht. Über den Flur liefen lauter wichtig aussehende Leute, die einen extra gelangweilten Gesichtsausdruck aufgesetzt hatten und etwas Unnahbares ausstrahlten. Sie wirkten so, als sei es eine Ehre, dass sie ihren wertvollen Körper in dieses unzumutbare Gebäude geschleppt hatten. Kim konnte das nicht verstehen. Es war doch toll, beim Radio zu arbeiten. Am Ende des langen Ganges befanden sich die Großraumredaktionen. Alles war verglast. Und dahinter die Sendestudios. Schemenhaft konnte sie in einem davon den Moderator der Morning-Show erkennen. Am liebsten wäre sie hingegangen, hätte sich einen Kopfhörer aufgesetzt und mit ihm gemeinsam moderiert. Erst mal als Sidekick, der nur Wetter und Verkehr vorlas, aber dann, wenn sie das mit der Technik kapiert hätte … Kim hatte sich schon oft ausgemalt, wie es wäre, eine eigene Sendung zu haben! Eine, die ihren Namen trug. Ihr war nur noch kein guter Name eingefallen, weil es so wenig Gutes gab, was sich auf Kim reimte. *Mit Kim auf Trimm* hörte sich nach einer Fitness-Show an, *Kim und Jim* ging auch nicht, weil es gar keinen Jim gab. Noch nicht. Julia hatte mal *Kim kommt* vorgeschlagen, aber Kim hatte sie darauf hingewiesen, dass sie nicht vorhatte, ein Erotikmagazin zu präsentieren.

Ein Klackern auf dem Steinboden ertönte, und eine hochgewachsene Frau mit langen blonden Locken und einem hellblauen Sommerkostüm nahte. Sie trug wichtig aussehende Aktenordner unter dem Arm und sah Kim mit einer Mischung aus Herablassung und Wut an.

«Frau Ahrens?»

«Ja», sagte Kim. «Es ist gleich zehn Minuten vor acht.»

«Was Sie nicht sagen. Guten Morgen übrigens. Ich bin Anne Sternhagen.»

«Ich warte seit halb.» So einfach würde diese Frau ihr nicht davonkommen.

Frau Sternhagen hob eine Augenbraue. «Nun, und ich warte seit sieben Uhr auf Sie. Was sagen Sie denn dazu?»

Kim holte böse ihre Unterlagen hervor und hielt dieser Frau den entsprechenden Zettel unter die Nase.

Sie las und nickte. «Ja, ja, da steht, dass Sie um sieben Uhr dreißig in der Frühredaktion eingeteilt sind. Ab heute für vier Wochen. Wenn Sie allerdings etwas weiter oben nachschauen, steht da, dass Sie um sieben Uhr bei mir hätten sein müssen.»

Kim wurde auf einmal ganz klein. «Oh, oh», stammelte sie nur. Was war nur los, seitdem sie ausgezogen war? Sie hatte den Mietvertrag nicht korrekt gelesen, davon ganz abgesehen hatte sie sich vor dem Auszug die Wohnung gar nicht angeschaut, die Waschmaschine war gestohlen worden, Dimitri und Stanislaw waren sowieso Betrüger, und jetzt das.

«Entschuldigung», sagte sie schließlich kleinlaut.

«Vergessen wir das Ganze.» Frau Sternhagen nickte gütig. «Kommen Sie bitte in mein Büro. Ich muss Ihnen einiges erklären, und Sie müssen noch einiges unterschreiben. Ich sage nur kurz in der Redaktion Bescheid, dass es später wird.»

Wie peinlich. Das war ja ein super Einstieg in den ersten Arbeitstag.

Kim war nicht mehr euphorisch, sondern ärgerte sich maßlos über sich selbst.

Für Saskia begann der Tag mit einer Riesenüberraschung. Nachdem sie im Stadtteil St. Georg bei *Süße Sünden*, so hieß die Patisserie, angekommen war, ihre Hände gewaschen und die Schürze umgebunden hatte, stand auch schon Olli, einer der Besitzer, vor ihr. Mit ihm hatte sie das Arrangement getroffen, dass sie bis zum Ausbildungsbeginn im August hier weiterjobben konnte, und das jeden Tag. Ab dem 1. 8. würde dann offiziell die Lehrzeit beginnen.

«Großer Tag, was, Püppi?» Er rieb sich die Hände. «Ach je, jetzt muss ich dich jeden Tag ertragen.» Er zwinkerte ihr zu. «Aber, wie Johannes immer sagt: Es gibt wahrlich Schlimmeres.» Olli und Johannes wohnten, lebten und arbeiteten zusammen, und sie waren so unterschiedlich, wie man unterschiedlicher gar nicht sein konnte. Olli war klein und dick, hatte eine Glatze und trug einen großen goldenen Ohrring, Johannes war groß und dünn, sein Haar war dicht und schwarz, er hatte einen Schnauzbart und sah ein wenig so aus wie ein Franzose. Man hatte immer das Gefühl, ihm ein Baguette in die Hand drücken zu müssen.

Die beiden liebten sich sehr, waren aber ständig in Zank und Hader verstrickt, weil sie sich nie auf etwas einigen konnten. Wollte Olli neue Pralinen ins Sortiment aufnehmen, wurde das von Johannes vereitelt, weil der fand, sie hätten schon genug. Wollte Johannes den Laden renovieren, flippte Olli aus, weil er fand, dass dem Geschäft durch frische Farbe die Seele genommen werden würde.

Sie stritten auch vor der Kundschaft, was diese aber eher zum Lachen brachte. Und natürlich fetzten sie sich auch vor den Mitarbeitern, die das schon gar nicht mehr wahrnahmen.

«Ich hab was für dich», sagte Olli fröhlich und wedelte mit einem Auftragsschein vor Saskias Nase herum. «Rate, rate, rate!»

«Ich soll für eine tibetanische Trauerfeier einen Kuchen mit ranziger Yak-Butter herstellen», riet Saskia.

«Fast. Aber nur fast. Nein, keine Trauerfeier. Hochzeit heißt das Zauberwort. Die Rüblis heiraten.» Olli machte eine Kunstpause, um seine Worte auf Saskia wirken zu lassen.

«Die Rüblis?», fragte Saskia fassungslos. «Die wurden doch gerade geschieden.»

«Es ist ein Mirakel», nickte Olli, der immer sehr sensationsgeil war. «Ich musste mich setzen, als ich die Neuigkeit hörte, sonst, ich schwöre es bei Coco, wäre ich umgefallen.»

Coco war eine schwarze, leicht verhaltensgestörte Pudeldame, die vor allem Angst hatte, auch vor Olli.

«Wer hat es dir erzählt?»

«Na, Frau Rübli selbst», sagte Olli, der aufgrund dieser Tatsache nun zu keuchen begann. Er fächerte sich mit dem Papier Luft zu und war erst nach einer Weile in der Lage, weiterzusprechen.

Die Rüblis waren eine der reichsten Familien der Stadt. Matteo Rübli hatte vor Ewigkeiten irgendeine Halterung für Obst- und Gemüsestiegen erfunden, die verhinderte, dass ebendiese Stiegen, sofern man sie stapelte, zusammenkrachten. Er kam aus der französischen Schweiz und dort aus einer alteingesessenen Familie, in der man noch Siegelringe trug und es ganz normal war, dass man eine Kiesauffahrt zu seinem Haus sein Eigen nannte.

Mandy Rübli war ein wenig anders. Sie kam aus Zwickau und hatte schon Gott weiß wie viele Kurse belegt, um sich ihren Dialekt abzutrainieren, aber man hörte ihn immer noch. Mandy war Ende zwanzig, während Matteo Ende fünfzig war. Matteo bezeichnete Mandy in der Presse gern als seinen Jungbrunnen, und sie kicherte dann immer nur blöde, wahrscheinlich weil es in Zwickau keine Jungbrunnen gab und sie nicht wusste, was das war. Mandy entsprach dem Klischee der Ossi-Frau so hundertprozentig, dass es fast schon absurd war. Ihre Fingernägel waren selbstredend künstlich und je nach Jahreszeit mit entsprechenden Motiven verziert. Kurz vor Ostern hatte sie der Presse stolz bunte Eier und vorwitzige Hasen präsentiert, auf dem Daumennagel befand sich sogar, das wurde extra betont, ein Küken aus Strass. Im Sommer waren es Südseepalmen, und gegen Winter sattelte Mandy auf Lichterketten um. Das war der Clou, wie sie fand. Die Lichterketten aus Strass waren nämlich auch noch miteinander verbunden. Von Finger zu Finger zogen sich dann echte kleine Ketten. Natürlich blieb Mandy ständig irgendwo hängen, aber das machte ihr nichts aus.

Matteo überschüttete Mandy mit Schmuck und teurer Kleidung, aber Mandy konnte tragen, was sie wollte, sie konnte ihre Herkunft nicht verleugnen. Die Hamburger Gesellschaft lächelte über Matteo und Mandy, aber das bekam Mandy nicht mit. So weit reichten ihre Antennen dann doch nicht. Sie liebte es, auf Vernissagen eingeladen zu werden, obwohl sie noch nicht mal ansatzweise wusste, was moderne oder abstrakte oder Kunst auch immer bedeutete, aber sie wurde fotografiert, und das war die Hauptsache. Sie schnitt auch immer die Zeitungsartikel aus, in denen sie erwähnt wurde, und, das hatte sie Olli erzählt, klebte sie säuberlich und fein nach Datum sortiert in Alben.

Das Groteskeste an Mandy war, dass sie gar nicht Mandy hieß, sondern Chloé, aber weil sie es doof fand, wie ein Parfüm zu heißen, stellte sie sich überall mit Mandy vor. Saskia und Olli vermuteten, dass sie eigentlich nicht wusste, wie man Chloé aussprach und das mit der Parfümerklärung nur eine Finte war, aber das sagten sie natürlich nicht zu Mandy, die eine sehr gute Kundin war.

«Hatte Matteo Mandy nicht mit diesem Strip-Tänzer erwischt?», fragte Saskia neugierig.

Olli nickte. «Klar. In einer Spelunke auf dem Kiez.

Dann die Riesenszene, die Presse wurde informiert, die Scheidung eingereicht. Den Rest kennst du. Und jetzt das!»

«Unfassbar.»

«Matteo hat in der *Life & Live* gesagt, dass er Mandy immer noch liebt und ihr eine zweite Chance geben will.»

«Wie romantisch.»

«Ich glaube aber eher, dass die keinen Ehevertrag hatten.»

«Na und?»

«Denk doch mal nach. Wenn er sie jetzt nochmal heiratet, dann aber mit Ehevertrag, kann er sich scheiden lassen und muss nichts bezahlen.»

«Auch wieder wahr. War das jetzt die Überraschung?»

«Nein. Die Überraschung kommt jetzt: Mandy möchte, dass eine Frau ihre Hochzeitsvorbereitungen übernimmt. Eine mit Geschmack. Also im Klartext heißt das, dass sie es nicht selbst machen kann. Und ich dachte, das wäre doch was für dich!»

«Echt? Olli, das ist ja super!»

«Freu dich nicht zu früh. Mandy kann kompliziert sein. Sie wollte bei ihrer ersten Hochzeit, die im Hochsommer stattfand, dass im Garten Eisskulpturen aufgestellt werden. Auf meinen Einwand hin, dass das alles in null Komma nichts schmelzen würde, sagte sie nur: ‹Dann muss man das mit der Temperatur draußen eben noch kälter einstellen.› Also, Püppi, dahinten liegen die Unterlagen. Mandy erwartet dich um halb zehn bei sich zu Hause. Davor mach bitte noch einen Mürbeteig für zehn Kuchen.»

Saskia flog Olli um den Hals. «Danke!»

Julia lag auf der Liege in Dr. Würfels Behandlungszimmer und versuchte, sich zu sammeln.

«Frau Seidel, Frau Seidel», sagte der Arzt nun zum wiederholten Mal. «Wussten Sie das denn nicht vorher?»

«Nein», krächzte Julia. «Ich habe immer weggeschaut.»

«Was machen wir denn nun mit Ihnen?»

Julia setzte sich schwerfällig auf. Ihr war immer noch übel.

Sie hatte dem Doktor bei einer Blutabnahme assistiert, was ein schwerwiegender Fehler gewesen war.

Ihre Gedanken purzelten durcheinander. Das Medizinstudium, das im nächsten Jahr beginnen sollte. Ihre ganzen Pläne. Das durfte nicht sein. Sie musste sich zusammenreißen. Aber nachdem sie nochmal auf die Nadeln geschaut hatte, wurde ihr wieder schwarz vor Augen.

fünfzehn

«Das ist Tim, unser Schlussredakteur. Er wird sich um Sie kümmern.» Frau Sternhagen nickte Tim zu, der vor seinem PC saß und Kim anlächelte.

«Hi», sagte er und stand auf. «Wir sagen gleich du, okay? Komm, ich zeig dir alles.»

Kim nickte. Schade, dass Tim kein Moderator war, dann hätte die gemeinsame Sendung *Kim & Tim* heißen können. Tim sah super aus. Er war wohl so Mitte zwanzig, trug eine Jeans und ein T-Shirt, und er musste Sport machen, denn einfach alles an ihm war sehr muskulös und durchtrainiert. Tim war groß, viel größer als sie, und sehr charmant. Er hatte dunkle Haare und noch dunklere Augen. Irgendwie sah er total verwegen und gleichzeitig total lieb aus.

Zu einer Hochzeit mit Tim würde am besten das cremefarbene Seidenkleid passen, das mit den eingewebten Blüten. Dazu der hübsche Schleier, der natürlich erst dann gelüftet werden …

«Kommst du? Ich will dich den anderen vorstellen», sagte Tim. Kim nickte geistesabwesend.

«Das hier ist die komplette Redaktion. Wir sind in Sendungen unterteilt. Frühsendung, Vormittag, Nachmittag und Abend. Da drüben sitzen die Aktuellen. Das da ist der Reportertisch. Wir haben einen festen Reporter und einen auf Stand-by, falls was Unvorhergesehenes passiert und wir schnell entsprechende O-Töne brauchen. Zum Beispiel, als Michael Jackson gestorben ist, da schickten wir die Reporter raus, um O-Töne von der Straße zu kriegen. Oder für eine Live-Schaltung. Das muss dann alles ziemlich schnell gehen.»

«Verstehe», sagte Kim.

«Jeder PC hat ein integriertes Schneideprogramm, damit jeder Redakteur am Platz schneiden kann. Mit welchem Schneideprogramm kannst du arbeiten?»

«Äh, mit keinem.»

«Echt nicht? Also hast du vorher noch gar kein Praktikum gemacht?»

«Nein, ich bin direkt fürs Volo genommen worden.»

«Aha. Na ja, dann musst du das eben schnell lernen.» Tim setzte sich an einen der Rechner und öffnete verschiedene Programme. «Hier haben wir den Ticker mit den Agenturen. DPA, Reuters, AP und so weiter. Wichtige Meldungen, also wenn zum Beispiel Flugzeuge in die Twin Towers fliegen, do you remember?, die sind dann rot und urgent. Im Großen und Ganzen kann man sich auf die Agenturmeldungen verlassen, aber wir verlassen uns niemals auf eine einzige Quelle. Es wird sich immer nochmal abgesichert, bevor wir was über den Sender jagen.»

«Ja», sagte Kim. Wie kompliziert sich das alles anhörte.

«Beiträge mit O-Ton dürfen max zwei dreißig lang sein, Interviews zwischen eins dreißig und zwei. Comedy höchstens zwei. Sonst hört man weg. Für die Moderationen gilt dasselbe. Besser zu kurz als zu lang, sonst artet das in Gelaber aus.» Er senkte die Stimme. «Ich frag mich oft, warum die bestimmte Leute hier vors Mikro lassen. Selbstverliebte Gockel. Aber da kann ich mir den Mund fusselig reden. Also, bist du klar so weit?» Jetzt hatte seine Stimme wieder die Ursprungslautstärke.

Kim nickte mechanisch.

«Dann erklär ich dir jetzt das mit den Sendeplänen, und dann zeig ich dir das Studio.»

Pünktlich um halb zehn klingelte Saskia bei Mandy Rübli in deren Stadthaus in Harvestehude. Eine Angestellte öffnete ihr, und Saskia wurde in Mandys Schlafzimmer geführt, was ihr ein bisschen unangenehm war.

Mandy saß in einem ovalen Bett und hatte ein Frühstückstablett auf dem Schoß. Sie sah aus wie eine Tote, weil ihr Gesicht von einer Maske bedeckt war. Die weiße Pampe klebte zentimeterdick auf ihrer Haut.

Saskia starrte irritiert auf den Bettbezug. Es war eine aufgedruckte Karte des Bundeslands Sachsen.

«Da gucken Sie, was?» Mandy hatte Saskias Blick wohl bemerkt. «Ich stehe zu meinen Wurzeln. Hier, schauen Sie mal!» Sie hielt Saskia ihre Finger hin. Jeder Nagel sah anders aus. Auf dem einen befand sich das Wappen von Sachsen, wie Mandy ihr erklärte, auf den anderen waren landestypische Häuser und Zäune zu sehen, und auf den Nägeln der rechten Hand stand in lesbarer Reihenfolge vom Daumen beginnend bis zum kleinen Finger «I LOVE ZWICKAU».

«Wie schön», sagte Saskia höflich.

Mandy schob das Tablett und die Decke beiseite und kletterte aus dem Bett. Sie trug ein Babydoll, und ihre mehrfach aufgepumpten Brüste stachen durch den Stoff hervor wie zwei überreife Kürbisse.

«Wir setzen uns ans Fenster», sagte Mandy. «Ach, das ist so schön, dass der Scheißer und ich jetzt doch nochmal heiraten. Ich hab's ja immer gesagt, er kann einfach nicht ohne mich.»

«Ich freue mich für Sie», antwortete Saskia, setzte sich hin und schlug ein mitgebrachtes Buch auf, in dem sich Fotovorschläge für Kuchenbüfetts und mehrstöckige Hochzeitstorten befanden.

«Der Scheißer ist sexuell von mir abhängig», schwafelte Mandy weiter, die nun ebenfalls Platz genommen hatte. «Er sagt immer, dass meine kleinen, goldigen Füße ihn irremachen.»

«Das ist toll.» Saskia klappte das Fotobuch mit den Hochzeitstorten auf. «Schauen Sie doch bitte mal, Frau Rübli, hier haben wir verschiedene Modelle, die …»

«Was glauben Sie wohl, warum ich so viele Schuhe im Schrank habe? Weil der Scheißer drauf steht, deshalb. Da könnte ich Ihnen Geschichten erzählen, da werden Sie blass, aber so richtig!»

«Dachten Sie eher an eine klassische Hochzeitstorte oder an eine romantische mit Zuckerblumen drauf?», versuchte Saskia Frau Rübli abzulenken. «Wir können alles nach Ihren Wünschen machen. Auch ganz verrückte Torten, hier zum Beispiel gibt es die Rubrik ‹crazy›, wenn Sie mal schauen wollen. Oder hier haben wir diverse Herzformen.»

«Nein», sagte Mandy. «Ich will was ganz Außergewöhnliches.»

«Ich höre.» Saskia hatte sich schon mit einem Stift gewappnet, nahm einen Block und wartete auf Anweisungen.

«Ich will die Kanalisation von Zwickau», sagte Mandy und lehnte sich zufrieden zurück. «Kriegen Sie das hin? Wenn wir uns streiten, sagt der Scheißer nämlich immer zu mir, ich sei eine Kanalratte aus Zwickau. Das muss man sich mal vorstellen.»

«Ähem», machte Saskia. ‹Dann passt das ja mit dem Scheißer›, dachte sie, sagte es aber nicht. «Also … das ist in der Tat eine Herausforderung.»

«Es muss alles naturgetreu nachgebildet werden», befahl Mandy. «Nun schreiben Sie das schon auf.»

Saskia befolgte ihre Anweisungen. «Wie groß soll die Torte denn sein?», fragte sie dann vorsichtig.

«Hm.» Nun sah Mandy dümmlich in der Gegend herum. «Weiß nicht. So groß wie die Kanalisation vielleicht? Wie groß ist denn so eine Kanalisation wohl? So groß?» Sie breitete ihre Hände ein Stück weit aus.

«Viel größer», versicherte Saskia ihr. «Ich glaube nicht, dass der Umfang einer Torte dafür ausreicht. Vielleicht kann es ja die Miniatur einer Kanalisation sein.»

«Miniatur», wiederholte Mandy so, als würde sie dieses Wort zum ersten Mal in ihrem Leben aussprechen.

«Also eine Kanalisation in *klein*», sagte Saskia hilfsbereit und erntete einen weiteren dummen Blick.

«Der Kölner Dom beispielsweise ist ja auch auf Tassen und Feuerzeugen abgebildet, er wurde auch schon in einer kleinen Schneekugel nachgebaut. Wissen Sie, diese kleinen Kugeln mit Wasser drin, die man schütteln kann, und dann rieselt Schnee. Eine Miniaturabbildung oder -nachbildung eben.»

«Oh, die Schüttelkugeln kenne ich. Da gibt's in Zwickau auch welche von. Mit Clowns und Teddys in kleiner als wie normal», freute sich Mandy, die nun begriffen hatte, was eine Miniatur war.

«Schön», sagte Saskia. «Also das mit der Kanalisation habe ich aufgeschrieben und bespreche das mit dem Chef. An welche Kuchensorten fürs Büfett hatten Sie denn sonst so gedacht?»

Mandy verschränkte die Hände hinter dem Kopf und verzog die Lippen zu einem Schmollmund. Dabei schien sie nachzudenken. Saskia hatte Angst vor dem Ergebnis.

Nicole kam vom Bezirksamt nach Hause und war stolz, dass sie jetzt ein eigenes Zuhause hatte. Keine Mutter mehr, die aufgeregt am Fenster stand und das Schlimmste befürchtete, wenn es nach achtzehn Uhr war. Kein Vater mehr, der nicht in eigenen Worten sprach, sondern immer irgendjemanden zitierte. Kein düsteres Haus mehr, in dem so gut wie nie gelüftet wurde, weil sonst Abgase in den Wohnraum dringen konnten.

Niemand, der schon vor dem Klingeln die Haustür aufriss und schrie: «Ich wollte schon die Kripo anrufen!»

Es war herrlich.

Nicole öffnete pfeifend die Pforte und stieg dann die

kleine Treppe hoch, um kurz darauf zu klingeln. Voller Stolz hatten sie gestern Abend noch ein Namensschild für den Klingelknopf gebastelt.

Niemand öffnete.

Natürlich öffnete niemand.

Wer auch? Saskia, Julia und Kim waren ja nicht zu Hause. Und Nicole hatte aus alter Gewohnheit keinen Schlüssel mitgenommen.

«Scheiße.» Sie lief einmal komplett ums Haus. Vielleicht war ja ein Fenster gekippt. Aber sie selbst war ja vorhin noch durch alle Räume gegangen, um das zu kontrollieren. Nichts.

Vielleicht lag ja bei Professor Haselmaus einer. Sie rannte zum Haus des Professors, auch weil sie plötzlich ganz dringend aufs Klo musste.

Fehlanzeige. Bestimmt war der Professor mit Dorothea in eine Gärtnerei gefahren, um neuen Dünger zu besorgen.

Gut. ‹Denk nach›, ermahnte sie sich. Sie rannte zurück, lief nochmal ums Haus, schaute nach oben aufs Dach, und dann hatte sie, wie sie fand, eine supertolle Idee.

«Das ist unser Sendestudio eins», sagte Tim.

Er würde mit Sicherheit in einem schwarzen Anzug umwerfend aussehen. Aber bitte mit Kummerbund. Und sie, Kim, würde im entsprechenden Moment den Schleier von den Augen heben und «Ja» hauchen. Die Hochzeitsgäste wären gerührt, und Tim würde sie zärtlich küssen, bevor sie durch ein Rosenspalier schreiten und Reiskörner auf sie niederprasseln würden. Oh, und natürlich zu den Klängen vom Hochzeitsmarsch, dem Original selbstredend. Dann würden Reden gehalten werden. Wunderbare Reden, die zu Tränen rührten. Tja, das war der einzige Knackpunkt, denn ob ihr Vater an ihrer Hochzeit eine Rede halten würde, konnte man nicht wissen. Wahrscheinlich würde er während der Zeremonie angerufen und dann von einem Helikopter abgeholt werden, der ihn in irgendein Staatsgefängnis bringen würde, in dem jemand eingebuchtet war, der mit der Ermordung seiner Schwiegermutter nicht bis zum nächsten Tag hatte warten können.

Aber alle anderen würden da sein, und es wäre ein unvergessliches …

«Das ist Jörg», unterbrach Tim Kims Träume.

Das also war Jörg Marengo. Oh! Natürlich kannte Kim Jörg Marengo von Fotos und von der Homepage des Senders, aber das waren eben Fotos. In natura sah er doch ein bisschen anders aus. Jörg Marengo hatte keine Zähne im herkömmlichen Sinn, sondern Hochhäuser im Mund. Seine Haare könnten mal gewaschen werden, und, ja, in der Tat, eine Dusche würde ihm mehr als guttun. Er trug eine dieser Hosen, die so weit runterhingen, dass die Boxershorts oben rausschauten und noch dazu der halbe Hintern, der, wie Kim feststellen musste, behaart war wie bei einem Gorilla. Sein etwas zu enges blaues Hemd hatte Schweißflecken bis zu den Ellbogen. Jörg Marengo sah ungepflegt aus. Sehr sogar. Und er hatte ganz viele Mitesser im Gesicht, was Kim total widerlich fand.

Aber er hatte eine Wahnsinnsstimme!

Eine, die von den Hörern geliebt wurde.

Und darauf kam es beim Radio ja an.

«Du bleibst jetzt mal eine Stunde hier bei Jörg und guckst ihm zu. Hast doch nichts dagegen, Jörg?», fragte Tim, nachdem er die beiden einander vorgestellt hatte.

Jörg nuschelte etwas, das wie «Jo» klang, und Tim verließ das Studio.

Die ganze Technik faszinierte sie viel mehr als Jörg Marengo. Das Studio war halbmondförmig angelegt, und überall blinkte es.

«Pfff», machte Jörg.

«Bitte?»

«Kackbratze», sagte Jörg und drückte einen Knopf. Der nächste Titel erklang, dann drückte er noch einen weiteren Knopf. Durchs Studio schallte nun die Musik des Titels, und gleichzeitig begann jemand zu sprechen.

«Ach je, haben Sie einen Fehler gemacht?», fragte Kim.

«Nee. Dis is prelisten. Ich hör 'nen Beitrag vor, der nachher kommt. Von der Kackbratze.»

«Aha.»

«So 'nem Kack-Praktikanten, der nix auf die Reihe kriegt», sagte Jörg. «Pfff.» Er sah sie an. «Bist du auch 'ne Praktikantin?»

«Nein», sagte Kim stolz. «Ich bin Volontärin.»

«Is ja noch schlimmer. Pfff», sagte Jörg.

«Wie man's nimmt», erwiderte Kim. Eigentlich wollte sie ihm etwas Böses an den Kopf schleudern, aber sie hielt es für besser, die Bälle erst mal flach zu halten. Nicht dass er sich noch bei dieser Frau Sternhagen über sie beschwerte.

«Toll, wie Sie das machen.» Sie deutete auf das Sendepult. «Wie kann man sich das denn alles merken?»

«Alles Pillepalle, pfff», machte Jörg. «Is Erfahrung.»

Kim musste feststellen, dass er eine extrem schnodderige Ausdrucksweise hatte, das war ihr beim Hören seiner Sendung noch nie aufgefallen. Vielleicht hatte er aber auch einfach nur einen schlechten Tag. Das gab es ja.

«Am wichtigsten sind die beiden Regler hier.» Er deutete vor sich. «Damit feuer ich die Titel ab. Der da is für prelisten ausem Sendeplan, und da auf dem Flatscreen, da kann ich die Station-ID's hör'n, und da sind Betten.»

«Betten?»

«Unterlegen halt. Das da is die Telefonanlage auf 'em Schirm. Wenn ich 'nen Livetake habe, wähl ich auf 'em Monitor die Nummer und leg den Anrufer dann aufs Pult. Kannste gleich sehn, ich muss nämlich jetzt jemanden anrufen, dann führ ich 'n Vorgespräch, leg ihn dann aufs Pult, dann machen wir Verkehr, und dann kommt er.»

«Oh.» Kim verstand von dem, was Jörg ihr erzählte, so viel wie von der Deutung der Höhlenmalerei in der Antike. Und während sie ihn weiter beobachtete und die ganzen Knöpfe und Regler blinkten und die insgesamt sieben Monitore sie völlig durcheinanderbrachten, war sie sich gar nicht mehr so sicher, ob sie noch Moderatorin werden wollte.

Die Tür des Sendestudios öffnete sich, und jemand kam herein. Kim drehte sich um und bekam fast einen Herzschlag.

Da stand Lukas, ihr Exfreund. Vor ungefähr drei Wochen hatte sie mit ihm Schluss gemacht, weil Lukas dermaßen an ihr klebte, dass es nicht zum Aushalten war. Er war tief enttäuscht gewesen, als sie in eine Mädels-WG und nicht mit ihm zusammenziehen wollte, weil er, Lukas, ja schon so viele Zukunftspläne erstellt hatte. Sogar die Zinsbelastung für eine Doppelhaushälfte in einem Hamburger Randgebiet war von Lukas, der Steuerberater werden wollte, erstellt worden.

Kim hatte nichts gegen Zukunftspläne. Rein gar nichts.

Und sie hatte auch nichts gegen eine Doppelhaushälfte. Aber alles zu seiner Zeit, und vor allen Dingen – alles mit dem richtigen Mann. Mit Lukas konnte sie sich das nicht vorstellen. Lukas war jemand, den man anrief, wenn man nicht wusste, wie man auf einen Strafzettel richtig reagieren sollte, und Lukas war der richtige Typ, wenn es um die Riester- oder die Rüruprente ging. Aber ein Zusammenleben mit Lukas war katastrophal langweilig. Das wusste Kim.

Lukas war tief beleidigt gewesen und hatte alles Mögliche versucht, um Kim zurückzugewinnen, aber Kim hatte dies abgeblockt. Saskia, Julia und Nicole hatten sie immer wieder mit dem spießigen Lukas aufgezogen, und irgendwann hatte Kim ihnen bei Androhung von schrecklichen Sanktionen verboten, den Namen auch nur ansatzweise auszusprechen, woran sie sich auch hielten.

Und jetzt stand Lukas in diesem Sendestudio. Er hielt eine rote Rose in der rechten Hand und kam auf sie zu.

sechzehn

Nicole war total stolz auf sich, weil sie auf eine, wie sie fand, grandiose Idee gekommen war. Wozu war sie in Sport immer gut gewesen – natürlich hatten ihre Eltern versucht, sie vom Sportunterricht befreien zu lassen, weil man ja von einem Schwebebalken oder Barren stürzen und kilometertief fallen könnte, oder ein Volleyball hätte einen treffen und eine Gehirnblutung mit schweren Folgeschäden nach sich ziehen können, aber Nicole hatte diese Bemühungen der Eltern ignoriert, so wie viele andere Dinge auch. So war ihr und den Geschwistern grundsätzlich untersagt worden, zu McDonald's zu gehen, weil das ja so ungesund war, und außerdem lernte man dort nur Kriminelle kennen, hatte Karin von Heyberg behauptet.

Nicole war mittlerweile ungefähr tausendmal bei McDonald's gewesen, und die einzigen Leute, die ansatzweise kriminell ausgesehen hatten, waren die Geschäftsführer, die mit grimmigem Gesicht und schlechter Laune darüber nachdachten, wen sie zum Mitarbeiter des Monats wählen sollten.

Jedenfalls hatte ihr der Besuch eines Fastfoodrestaurants genauso wenig geschadet wie die Teilnahme am Sportunterricht. Sie hatte im nicht abgeschlossenen Schuppen eine Leiter gefunden und stand nun auf der obersten Sprosse, zwang sich, nicht nach unten zu blicken, und kletterte auf den Balkon von Familie Reinhardt. Von hier aus wollte sie versuchen, aufs Dach zu kommen. Sie zog die Leiter zu sich hoch und lehnte sie gegen die Hausmauer. Noch einmal hoch, dann war alles nur noch ein Kinderspiel.

Mutig stieg Nicole nach oben, und es klappte tatsächlich. Die Dachziegel hielten, und die kleine Stiege, eine von der Sorte, die Dachdecker und Schornsteinfeger benutzten, um ohne größere Schwierigkeiten zum Schornstein zu gelangen, half ihr weiter.

Jetzt musste sie nur noch in den Schornstein hineinklettern. Hoffentlich hatte er diese kleinen Tritte, an denen sie hinuntersteigen konnte. Dann würde sie, wenn alles gutging, irgendwann im Erdgeschoss ankommen und könnte bequem durch den Kachelofen im Wohnzimmer aussteigen. Niemand würde davon erfahren, dass sie ihren Schlüssel vergessen hatte. Nicole konnte sich selbst nicht erklären, warum ihr das so peinlich war, aber aus welchen Gründen auch immer kam sie sich vor, als hätte sie versagt, und sie wollte auch nirgendwo klingeln.

Glücklicherweise war ja Sommer, und niemand würde auf die Idee kommen, ein Feuer zu machen.

Sie schob ihren Oberkörper in den Schornstein, mit den Händen tastete sie nach Anhebungen, fand auch etwas, und dann fing sie an, laut zu schreien.

«Meine liebe Frau Seidel», sagte Doktor Würfel traurig. «Das sind denkbar schlechte Voraussetzungen für ein Praktikum bei mir. Ist Ihnen denn vorher noch nie aufgefallen, dass Sie beim Anblick von Blut kollabieren?»

«Nein.» Julia saß nun mit dem Arzt in dessen Sprechzimmer, heulte wie ein Schlosshund und hatte schon eine ganze Packung Papiertaschentücher verbraucht.

«Hm, hm, hm», machte Doktor Würfel, der in einem Drehstuhl hinter seinem Schreibtisch saß, und spielte mit einer bronzenen Skulptur herum. «Jemine.»

«Was soll ich denn jetzt nur machen?», schluchzte Julia weiter. «Ich möchte doch so gerne Chirurgin werden.»

«Jemine, jemine», sagte Doktor Würfel verzweifelt, was Julia dazu brachte, noch lauter zu flennen.

«Vielleicht kann man sich das abtrainieren.» Sie schnäuzte sich in ein weiteres Taschentuch. «Ich könnte vielleicht mit Ketchup und Tomatensaft üben. Oder ich stelle mir immer vor, dass es kein Blut ist, sondern was anderes.»

«Hm», machte der Doktor wieder und schien zu überlegen. «Aber wie soll das beispielsweise bei einem

Appendix funktionieren? Wollen Sie sich dann Tomatensaft mit Fleischeinlage vorstellen?»

Julia musste würgen.

«Gut», sagte Saskia. «Dann hätte ich so weit alles zusammen. Ich werde mit dem Chef sprechen und faxe Ihnen dann den Kostenvoranschlag.»

Mandy Rübli tänzelte herum. «Da muss ich aber erst neues Papier ins Faxgerät legen. Das hab ich noch nicht so oft gemacht.»

«Sie haben ja noch etwas Zeit», erklärte ihr Saskia. «Es muss natürlich erst alles durchkalkuliert werden.»

«Eigentlich ist es mir piepegal, was es kostet», erläuterte Mandy ihr und zog wieder einen Schmollmund. «Der Scheißer bezahlt's ja sowieso.»

«Trotzdem werden wir einen Kostenvoranschlag machen», sagte Saskia abschließend. Olli würde durchdrehen, wenn er diese Liste sah.

Und so war es dann auch.

«Reich mir ein Messer!», rief Olli, nachdem Saskia ihm in dem kleinen Büro, das er sich mit seinem Kompagnon teilte, die Liste überreicht hatte. «Das darf Johannes auf gar keinen Fall erfahren. Er wird Mandy töten. Mich und dich auch. Was sollen denn die Leute denken, wenn wir eine Hochzeitstorte machen, die aus der Zwickauer Kanalisation besteht? Wenn es nur das wäre! Wie kann man denn Eclairs in Klorollenform wollen? Versteh mich nicht falsch, Püppi, das kriegen wir schon hin, das machen wir mit weißem Zuckerguss, aber ich finde es persönlich einfach … nicht schön, wenn du verstehst, was ich meine. Dann hier, was soll das denn? Kuchen, die die Form von toten Ratten und anderem Ungeziefer haben sollen. Willst du eine tote Ratte essen?»

«Nein.» Saskia schüttelte den Kopf. «Ich würde davon gar nichts essen wollen.»

«Alter Schwede.» Olli blätterte weiter. «Petits Fours in Bidetform. Ich verliere mein Augenlicht, wenn ich weiterlese.»

«Dann lass es doch.» Saskia nahm ihm die Unterlagen weg. «Ich kümmere mich darum.»

«Und das alles für zweihundert Leute. Geh mal ins Internet und schau, ob du Fotos von der Kanalisation in diesem gottverdammten Zwickau findest.»

«Genau das hatte ich vor.» Sie rollte mit dem Stuhl zum Rechner und begann zu googeln, wurde tatsächlich fündig und schrieb sich alles Notwendige auf. Olli stand hinter ihr und sah auf den Block. «In meinem ganzen Konditorenleben musste ich noch kein Vorklärbecken backen», sagte er leidend und mit brüchiger Stimme. «Was steht da? Faulturm? Hilf Himmel!»

«Olli, ich mach das schon», erklärte ihm Saskia ruhig. «Geh du und kümmere dich ums Tagesgeschäft.»

«Die Rohre sind ja viel dünner», lamentierte er weiter. «Die müssen separat gebacken werden. Wir müssen das im Anschluss dann zusammensetzen und mit Guss verbinden, damit es hält.»

«Noch sind wir ja nicht so weit», sagte Saskia. «Wer macht den Kostenvoranschlag?»

«Du», erwiderte Olli. «Ich möchte damit nichts zu tun haben. Das geht gegen mein Berufsethos.» Mit diesen Worten trippelte er aus dem Raum. «Ich mach Rhabarberkuchen», rief er Saskia noch zu. «Das ist wenigstens etwas Normales.»

Sie seufzte, nahm sich einen Taschenrechner und begann zu kalkulieren.

Nicole kraxelte um ihr Leben, kam aber nicht wirklich weit, weil das Dach nur eine begrenzte Größe hatte. Während sie kreischte, fuchtelte sie wild um sich.

Im Schornstein befand sich ein Hornissennest. Und sie hatte die Viecher aufgescheucht, die sie nun jagten, wie eben nur ein Schwarm aggressiver Hornissen dazu in der Lage sein konnte. «Warum hilft mir niemand?», brüllte sie über die Dächer von Winterhude. Sie versuchte, die Biester zu vertreiben, machte sie aber damit nur noch wütender. Immer und immer wieder schossen sie wie schwarze Pistolenkugeln auf sie zu, um ihr den Garaus zu machen.

Dann ertönte ein Schuss, und der Schornstein wurde getroffen.

«Hilfe!» Sie ließ sich aufs Hausdach fallen und wurde sofort gestochen.

Unten stand der griesgrämige Nachbar mit einem Gewehr im Anschlag. Neben ihm der Professor, der ihn anfeuerte.

‹Das war's dann›, dachte Nicole verzweifelt. ‹Wer hätte das gedacht, dass ich auf einem Hausdach sterbe, kaum 48 Stunden nachdem ich von zu Hause ausgezogen bin? Von Hornissen gejagt und letztendlich erschossen.›

«Was machst du denn hier?», wollte Kim von Lukas wissen.

«Oh, Kim.» Er kam näher. «Bitte, hör mir zu.»

Jörg machte «pfff» und beobachtete die beiden.

«Ich bin hier Praktikant», sagte Lukas und hielt ihr die Rose hin.

«Kackbratze», murmelte Jörg, und Kim zählte eins und eins zusammen: Lukas war der Kackbratzen-Praktikant, der nichts auf die Reihe bekam.

«Du wolltest doch Steuerberater werden.»

«Man kann seine Meinung auch ändern», sagte er mit Pathos. «Ich bin so jung, Kim, das ganze Leben liegt vor mir. Das Medium Radio fasziniert mich, und ich mache meine Sache sehr gut.»

«Pfff.» Jörg Marengo. «Nur Mist machst du. Weißte, was der für Themenvorschläge bringt, willstes wissen?»

«Nein», sagte Kim, die gar nichts über Lukas wissen wollte. Er sollte verschwinden. Seine blöden Versuche, sie zurückzugewinnen, waren einfach nur lächerlich. Und jetzt auch noch das. Dieses Sparbrötchen sollte verschwinden. Eine Frechheit, nur eine einzige Rose mitzubringen. Wahrscheinlich hatte er sie auch noch secondhand gekauft oder gestern Abend kurz vor Ladenschluss, als alles zum halben Preis rausgehauen wurde. Lukas war unmöglich. Er war so geizig, dass man es nicht beschreiben konnte. Sparsamkeit hin und her, er übertrieb es maßlos. Lukas studierte beispielsweise vor Einladungen in den Tageszeitungen die Traueranzeigen und schrieb sich auf, wann auf welchem Friedhof Beerdigungen stattfanden. Dann ging er dahin, und wenn die Trauergäste den Friedhof verlassen hatten, sammelte er die Blumen ein, um sie dann auf den Geburtstagen weiterzuverschenken. Das war nur eine von Lukas' Eigenheiten, die Kim fassungslos machten.

Lukas war jetzt zwanzig, benahm sich aber wie jemand, der die sechzig schon überschritten hatte. In jeder Hinsicht. Er fand es unmöglich, dass Kim keinen Bausparvertrag abschließen wollte und sich noch keine Gedanken um eine zusätzliche Krankenversicherung gemacht hatte.

«Warum sollte ich? Ich arbeite doch noch nicht mal»,

hatte Kim genervt gesagt, aber Lukas meinte, mit so etwas könne man gar nicht früh genug anfangen, und man solle sich nicht darauf ausruhen, bei den Eltern mitversichert zu sein. Was denn wäre, wenn sie was mit den Zähnen hätte und Kronen bräuchte? Kim, die regelmäßig zum Zahnarzt ging, brauchte keine Kronen und auch keine Brücken oder sonstigen Zahnersatz.

Lukas war selbstverständlich komplett überversichert. Er hatte sogar eine Schiffsversicherung, obwohl er gar kein Schiff hatte. Sein Versicherungsvertreter musste schon Millionär sein und lag wahrscheinlich bereits seit Jahren an einem weißen Sandstrand auf den Seychellen, kam nur einmal pro Jahr nach Deutschland, und das auch nur, um Lukas eine Sterbeversicherung anzudrehen oder eine Versicherung für den Fall abschließen zu lassen, dass er sich mal dummerweise in Mexiko verlaufen und von einem uto-aztekischen Komantschen skalpiert werden würde.

Seit der Sache mit Lukas hatte Kim die Nase voll von Männern. Es ging auch ohne. Und sie konnte sich nur schwer vorstellen, mit zwanzig in einer Doppelhaushälfte zu sitzen, das zweite Kind zu erwarten und sich Vorträge von Lukas anzuhören, der ihr am Monatsende erklärte, sie hätte falsch gewirtschaftet und den Reis woanders billiger bekommen können, von dem dauernden Aufdrehen der Heizung mal ganz abgesehen.

O nein!

«Geh weg», sagte Kim böse.

«Ich arbeite hier», lautete Lukas' Antwort.

«Was hasten du mir da schon wieder für 'ne Scheiße mitgebracht?», beschwerte sich Jörg. «Hat das jemand in der Redaktion abgenommen?»

«Aber ja», sagte Lukas.

«Wer?»

«Tim.»

«Der nimmt alles ab», polterte Jörg weiter. «Wen interessiert denn so 'n Schwachsinn, so ein bekloptes Interview von jemandem, der Pullis aus gekochten Spaghettis strickt, Mann.»

«Die Dame hat mir super O-Töne gegeben», rechtfertigte sich Lukas. «Das macht halt nicht jeder. Außerdem sind Spaghetti kostengünstiger als Wolle aller Couleur.»

«Wird auch 'nen Grund haben, dass das nicht jeder macht», grunzte Jörg. «Pfff.»

«Kim, bitte geh nachher mit mir in die Kantine. Ich lade dich zu einem Stammessen ein», forderte Lukas enthusiastisch und sah seine Exfreundin so an, als müsste sie nun vor lauter Freude mindestens neun Purzelbäume schlagen, weil die Aussicht, von ihm zu einem Stammessen eingeladen zu werden, nun aber wirklich alles toppte und an Großzügigkeit durch nichts zu überbieten war.

«Ich muss mal auf Klo. Kannst du mir 'nen Titel fahren?», sagte und fragte Jörg und schaute Lukas an, der geistesabwesend nickte, wahrscheinlich weil er gerade überlegte, wie er Kim doch noch zu einem Stammessen überreden könnte. Vielleicht würde sie ja anspringen, wenn sie noch einen Nachtisch spendiert bekam, der in der Kantine regulär achtzig Cent kostete.

Jörg verließ das Studio, und Lukas begann sofort, wieder auf Kim einzureden. Er war sehr aufgebracht und drückte deswegen leider einen falschen Knopf.

siebzehn

Saskia saß im Büro und telefonierte. Es musste sich mit dem Catering-Unternehmen, das fürs warme Büfett engagiert worden war, abgesprochen werden, mit dem Getränkelieferanten, und für das nachmittägliche Kaffeetrinken brauchte sie Aushilfen. Olli wollte immer junge Leute haben, weil die, wie er meinte, mehr Esprit hatten, und deswegen rief Saskia beim studentischen Hilfswerk an und bestellte zwei junge Jura- und BWL-Studenten zu einem Vorgespräch. Die Hochzeit sollte in knapp zwei Wochen über die Bühne gehen, und Mandy Rübli hatte sich selbstverständlich noch um gar nichts gekümmert, sondern Saskia einfach nur Unterlagen in die Hand gedrückt und beim Verabschieden gemeint, das würde bestimmt alles toll werden, und mit dem Kanalisationskuchen sei man auf der sicheren Seite. Sie selbst, Mandy, würde jetzt zum Botoxmann gehen. Und danach brauchte sie eine Auszeit in einem Wellnesstempel in der Innenstadt, weil die kleinen Nädelchen doch arg piksten. Und wenn sie danach noch Kraft hatte, würde sie zu Tiffany's gehen und sich ein wenig Schmuck kaufen. Die Tatsache, dass nämlich die Tasche von Hermès, die vor Jahren bestellt worden war, nun doch länger dauerte als ursprünglich vorgesehen, machte Mandy depressiv. Da hatte auch eine Chopard-Armbanduhr, die der Scheißer ihr mitgebracht hatte, nichts ausrichten können. Außerdem hatte das Lederband der Uhr die falsche Farbe. Wie konnte der Scheißer nur so ignorant sein? Er wusste ganz genau, dass sie dieses Blau nicht mochte. Das hatte er extra gemacht.

Während Saskia sämtliche Nummern raussuchte, dudelte im Hintergrund das Radio. Sie hörte kaum hin, aber dann war plötzlich etwas anders als sonst, und sie hob den Kopf. Sie drehte das Radio lauter und rief: «Olli! Komm mal!»

Doktor Würfels Frau hatte Tee gekocht und reichte Julia die Tasse, die sie kaum halten konnte, weil sie emotional so gebeutelt war.

«Das wird schon, das wird schon», sagte sie dauernd, aber Julia war nicht zu beruhigen.

«Ich werde niemals Medizin studieren», krächzte sie. Ihre Stimme war vom vielen Weinen schon brüchig geworden und klang wie die einer alten, verhutzelten Frau, die nie etwas Richtiges gelernt hatte und nun in der Damenoberbekleidung in einem schlecht gelüfteten Kaufhaus arbeiten musste, obwohl sie es massiv im Rücken hatte und auch schon Krampfadern ihr Eigen nannte. So würde sie auch enden. Aber nicht in einem Kaufhaus, es würde noch schlimmer kommen. Julia sah sich schon bis ans Ende ihrer Tage als Aushilfskraft in einem Fischladen stehen und arrogante Kunden bedienen, die sie rügten und darüber lästerten, dass sie ein Kabeljaufilet nicht von einer Garnele unterscheiden konnte. Sie würde auch nicht aufsteigen, weil sie ja noch nicht mal Fische ausnehmen konnte. Wie armselig! Und dann der Geruch! Sie würde keine sozialen Kontakte mehr haben, weil der Fischgestank an ihr haften bleiben würde wie … wie Fischgestank eben. Passanten würden die Straßenseite wechseln, und sie könnte sich die Hände noch so oft mit frischer Zitrone waschen, sie würde immer nur die Fisch-Julia bleiben. Kinder würden Schüttelreime erfinden und sie hämisch grinsend verfolgen, und Sex würde sie niemals mehr haben, weil niemand mit einer Frau ins Bett gehen wollte, die so roch wie sie.

Und eines Tages würde sie verhärmt und einsam sterben und seebestattet werden, weil das zu ihrem Job passte und sie außerdem niemanden hatte, der sich um ihr Grab kümmern würde.

«Ich will nicht im Fischladen arbeiten», heulte sie nun wieder los und wurde von Frau Würfel verständnislos angeschaut. «Auch nicht in einem … Schuhgeschäft oder so. Ich möchte doch Chirurgin werden, verstehen Sie mich denn nicht?»

Frau Würfel setzte sich hin. Sie befanden sich in der Küche. Der Doktor hatte es für besser gehalten, Julia aus den Praxisräumen zu entfernen, weil er Angst hatte, Patienten zu verlieren, denn Julia war die ganze Zeit heulend herumgelaufen und hatte zu jedem im Wartezimmer gesagt: «Ich kann doch nichts dafür, ich kann doch nichts dafür.»

«Aber natürlich verstehe ich Sie. Nun beruhigen Sie sich bitte erst mal. Es ist noch kein Meister vom Himmel gefallen. Das wird sich alles finden. Dann werden Sie eben keine Chirurgin, sondern spezialisieren sich auf ein anderes Fachgebiet.»

«Nein, nein, nein», sagte Julia. «Chirurgie, Chirurgie, Chirurgie. Das wollte ich schon immer, und das wird sich auch nicht ändern. Oh, Frau Würfel, mir ist das so peinlich. Aus mir wird nichts. Ich bin eine Versagerin. Kein Mann wird mich nehmen.» Sie steigerte sich so in diese Vorstellung hinein, dass sie rot im Gesicht wurde. «Wer will denn eine wie mich, die zu nichts in der Lage ist. Ich fühle mich so nutzlos, so hässlich, so blöde.» Sie schnäuzte sich wieder in ein Taschentuch. «Ich bin dumm», ging es weiter. «Ich werde als alte Jungfer enden. Als eine, die mit den Jahren wunderlich wird und Falschparker aufschreibt. Ich bin eine alte Jungfer, ich werde niemals Chirurgin und kriege nie einen Mann. Ich bin eine alte, verknöcherte Jungfer. Ich …»

«Hallo!» Ein junger Mann stand in der Tür und sah ein wenig verwundert aus.

Julia wischte sich mit dem Taschentuch die Tränen aus dem Gesicht. Wie peinlich war das denn?

Frau Würfel stand auf. «Sebastian, du bist schon zurück?» Sie wandte sich Julia zu. «Das ist mein Sohn. Er studiert auch … äh … Medizin.»

«Ich will Chirurg werden», sagte Sebastian stolz, und Julia konnte nicht anders, sie fing wieder an zu flennen.

«Nicht schießen! Hören Sie doch auf!», brüllte Nicole in Todesangst und hielt sich an den Überresten des Schornsteins fest, während die Hornissen sie umschwärmten und gute Gelegenheiten abpassten, um im Geschwader auf sie loszugehen. Wie viele Stiche töteten einen Menschen? Sie wusste es nicht. Sie schrie nur.

«Attacke!», kreischten der Professor und der Nachbar.

«Gut gemacht, Baumann!», rief der Professor dann und klatschte in die Hände. «Dem Feind die Stirn bieten, das ist es, worauf es ankommt. Sie haben keine Chance!», schrie er nach oben. «Ergeben Sie sich, das ist das Einzige, was Ihnen bleibt.»

«Verbrecher, Halunke!» Der Nachbar, der ganz offenbar Baumann hieß, ließ die Waffe kurz sinken und ballte eine Hand zur Faust. «Das ist ein sauberes Haus! Hier kommt keiner rein!» Und dann, endlich, es kam Nicole so vor, als seien Jahre vergangen, schaffte sie es, sich auf der anderen Seite des Schornsteins hochzuziehen, und kletterte innerhalb einer Nanosekunde in ihn rein.

Alles war besser als diese Hornissen und die Alten mit ihrem Gewehr. Dachte Nicole. Dann fiel ihr siedend heiß ein, dass die verflixten Hornissen ja aus dem Schornstein gekommen waren. Panisch sah sie sich um. Obwohl es dunkel war, nahm sie an, dass alle rausgeflogen waren. Ein paar Sekunden später war immer noch nichts passiert, und sie fühlte sich sicher. Innen im Schornstein waren tatsächlich Eisenringe eingelassen, und so stieg sie schnell hinab. Als sie von außen nicht mehr zu sehen war, blieb sie stehen und atmete tief durch. Es roch nach Ruß und Moder. Im nächsten Augenblick rutschte sie ab, weil die Stiegen rutschig waren. Nicole sauste durch den Schornstein nach unten und blieb nach ungefähr vier Metern hängen.

«Nein, nein und nochmals nein. Ich verstehe nicht, was es daran nicht zu verstehen gibt», sagte Kim, die sich bemühte, ruhig zu bleiben. «Kapier doch endlich, dass es aus ist. Ich mag nicht mehr mit dir zusammen sein. Du machst dich lächerlich.»

Lukas war uneinsichtig. «Ich hatte schon Baupläne gezeichnet. Mit einem Extraprogramm auf dem PC. Für unser Haus! Und da sagst du, ich soll irgendwas verstehen. Meine Zukunft stand schon fest.»

«Ja, deine», sagte Kim unnachgiebig. «Lukas, ich bin achtzehn. Du glaubst doch nicht im Ernst, dass ich jetzt schon heirate. Und da bin ich bestimmt nicht die Einzige. Du solltest das genauso wenig tun. Genieße dein Leben.»

Natürlich dachte Kim daran zu heiraten. Wozu sonst sammelte sie Brautkleider? Aber nicht Lukas. Niemals Lukas. Sie war fast so weit, jeden anderen zu heiraten, nur damit er wegging.

«Ich genieße mein Leben», schwadronierte Lukas herum. «Aber zu einem perfekten Leben gehört eine Frau. Und die bist du.»

«Die bin ich nicht!», rief Kim. «Merkst du denn nicht, wie dämlich du bist? Weißt du, wie ich mir mein Leben vorstelle? Schön stelle ich es mir vor. Ich will Freude haben und Spaß, ich will verreisen, und nicht nur nach Mallorca oder ins östliche Harzgebirge, und das auch nur im Winter, weil's dann billiger ist. Weißt du, wie du in zehn Jahren aussehen wirst? Wie ein alter Mann. Man sollte alle Frauen vor dir warnen, denn die können gleich mit ihrem Leben abschließen, wenn sie mit dir zusammenkommen. Du bist eine Zumutung.»

«Ich meine es doch nur gut», klagte Lukas verzweifelt.

«Nur gut, nur gut. Du denkst doch nur an dich. Du willst es so, wie du es haben willst, dann ist es gut. Herrje!» Sie haute mit der Hand auf das Sendepult. «Hier sollte es mal eine Sendung geben, die sich mit nichts anderem beschäftigt als mit Beziehungsproblemen. Die würde ich gern moderieren. Weil ich dann nämlich allen, die in meinem Alter sind, sagen würde, dass sie bloß eins nicht machen sollen: sich zu früh für alle Ewigkeiten zu binden! Ich glaub nämlich, dass es ziemlich viele gibt, die mal ein paar Ratschläge brauchen!»

«Wie böse du bist», sagte Lukas, und dann schaute er zufällig durch die Glasfront nach draußen und wurde bleich. Kim drehte sich um, weil Lukas mit einem Mal so aussah, als sei der Leibhaftige hinter ihm her. Vor dem Studio standen sämtliche Redaktionsmitarbeiter und sahen sie grundböse an. Und da war auch Jörg, der offenbar vom Klo zurück war.

Er schoss ins Studio und schob die beiden weg.

«Pfff», machte er wie gewohnt. «Du Kackbratze», sagte er dann zu Lukas. «Du hast keinen Titel abgespielt, du hast euch On-Air gedrückt. Das hat jetzt ganz Norddeutschland mitgekriegt, o Mann!»

Kim hielt sich an Jörg fest, um nicht umzufallen.

Aus den Augenwinkeln sah sie Frau Sternhagen. Und die sah nicht so aus, als würde sie mit ihr Kaffee trinken gehen wollen. Sie sah so aus, als würde sie Kim am liebsten auf der Stelle rausschmeißen.

achtzehn

«Ui, ui, ui.» Olli kicherte und hüpfte hin und her. «Wenn das mal keine Konsequenzen hat. Aber die Stimme deiner Freundin klingt wirklich gut. Nicht so aufgesetzt wie die von diesen ganzen selbstverliebten Trotteln, die im Radio was sagen dürfen.»

Das fand Saskia auch. Kim hatte eine richtig schöne Stimme, nicht zu hell und nicht zu dunkel, sympathisch. Aber das würde ihr jetzt nichts mehr nützen. Saskia hatte schon ein paarmal versucht, Kim auf dem Handy zu erreichen, aber das war ausgeschaltet. Nun, wenn es wichtige Neuigkeiten gäbe, würde sie sich schon melden. Und spätestens heute Abend sahen sie sich ja. Jetzt kamen erst gleich mal die beiden Aushilfen, die sie sich anschauen musste. Und Mandy Rübli hatte schon vierzigmal aus ihrem Wellnesstempel angerufen und gefragt, ob es denn Probleme mit der Kanalisationstorte und dem übrigen Backwerk geben würde. Wenn das jetzt jeden Tag so weiterging, wäre Saskia bald reif für die Psychiatrie. Und wenn es dazu käme, dann würde sie dafür sorgen, dass Mandy mitkäme.

Nicole hing im Schornstein und befand sich in einer Art Schockstarre. Ihre Stimmbänder versagten, sie konnte nur noch röcheln – und das sehr leise. Aber am schlimmsten war das Gefühl, keine Luft zu bekommen.

«Alo», krächzte sie verzweifelt und klopfte gegen das Mauerwerk. Der Professor und dieser Herr Baumann mussten doch gesehen haben, dass sie im Schornstein verschwunden war. Nicht dass die jetzt auch aufs Dach kletterten und von oben anfingen zu schießen. Das musste sie unbedingt verhindern. Aber wie?

‹Wenn das Mama sehen würde›, dachte sie und hätte beinahe hysterisch angefangen zu lachen. ‹Sie würde tot umfallen.› Seit dem frühmorgendlichen Telefonat hatte Nicole mit ihrer Mutter nicht mehr gesprochen. Die Anrufe wären sowieso alle gleich verlaufen, sie würden nur bezüglich der Todesart variieren.

‹Na ja, vielleicht hatte Mama sogar ein bisschen recht›, ging es ihr durch den Kopf. ‹Andererseits – bei allen Mutmaßungen darüber, wie ich sterben könnte, auf die Möglichkeit, dass es in einem Schornstein passieren könnte, ist sie noch nie gekommen.›

Plötzlich gab es einen Ruck, und sie rutschte noch ein Stück tiefer, dann hing sie wieder fest. Von irgendwoher kam ein schwacher Lichtstrahl. Aber von wo? Und wieso gab es hier überhaupt Licht?

Von weiter unten kamen Stimmen, und es hörte sich so an, als würde jemand mit einem Kaminbesteck arbeiten oder mit sonst etwas aus Metall.

«Hallo? Herr Einbrecher?» Es war die Stimme des

Professors. Er sagte tatsächlich Herr Einbrecher, als wäre das hier ein Film mit Heinz Rühmann aus den vierziger Jahren, die manchmal in den dritten Programmen liefen.

«Äh», machte Nicole kraftlos. Ihre Stimmbänder taten es immer noch nicht. Dann schloss sie den Mund wieder. Wenn die kontrollierten, ob hier jemand war, um dann blind drauflos zu ballern, wäre es wohl besser zu schweigen. So sagte es ihr jedenfalls ihr logischer Verstand. Deshalb hielt sie den Mund und wartete ab.

Unten wurde diskutiert, doch was genau, konnte sie nicht verstehen. Und dann wurde es wieder still, und eine Tür klappte scheppernd zu.

Mist!

Nicole öffnete den Mund, weil sie es nun doch mit Schreien versuchen wollte, aber sie kam nicht dazu, weil in dieser Sekunde direkt vor ihr eine kleine Luke aufging.

«Guten Tag», sagte eine freundliche Stimme. Sie gehörte zu dem Mann, der letztens mit dem Orangefarbenen bezüglich der Preisausschreiben und der Auktionen im Internet diskutiert hatte.

«Hinzberg mein Name. Stefan Hinzberg. Brauchen Sie vielleicht Hilfe oder ein paar feuchte Tücher? Davon abgesehen fände ich es wahnsinnig interessant zu erfahren, was Sie dort machen. Ein außergewöhnlicher Ort, um sich auszuruhen, oder nicht?»

Nicole starrte den Nachbarn an, dann ließ sie sich von ihm heraushelfen. Sie hatte direkt auf Höhe seines Ofens festgesteckt.

«Ich habe meinen Schlüssel vergessen», sagte sie lahm, nachdem sie sich aufgerichtet hatte und vor ihm stand.

Und wie auf Befehl begannen die Hornissenstiche tierisch zu jucken. Während der Zeit des Schocks hatte sie das gar nicht bemerkt. Ihre Nase war genauso geschwollen wie ein paar andere Stellen in ihrem Gesicht. Sie musste aussehen wie ein Zombie.

«Das kommt vor.» Stefan lächelte versonnen und sah so aus, als würde er darüber nachdenken, was er selbst tun würde, wenn er seinen Schlüssel vergessen hätte.

«Ich bin eine der neuen Nachbarinnen», rechtfertigte Nicole ihre Anwesenheit und deutete auf den Ofen. «Wir wohnen da. Also natürlich nicht im Kamin, sondern im Erdgeschoss.»

«Und der Möchtegernleutnant hat wieder mal geschossen», sagte Stefan Hinzberg, als sei das ganz normal. «Das macht er oft, wenn ihm was nicht in den Kram passt.»

Nicole hätte gern gesagt, dass ihr auch manchmal etwas nicht in den Kram passte, dass sie deswegen aber noch lange nicht mit einer Schusswaffe herumhantierte, aber sie sagte es nicht, weil sie so froh war, noch am Leben und aus diesem Schornstein draußen zu sein, dass es in Worte nicht zu fassen war. Und dieser Stefan Hinzberg schien ein ganz durchschnittlicher Typ zu sein, einer wie du und ich. Ein normaler Mensch. Ein wahrhaftig normaler Mensch. Er sammelte keine Rauchverzehrer, war nicht hochbegabt, er schoss nicht wild um sich, er hatte keine wächserne Gesichtsfarbe und schlief tagsüber, nein, er war jemand, der einem überhaupt nicht auffiele, würde man ihm auf der Straße begegnen. Wie schön das war. Eine tiefe Dankbarkeit erfüllte Nicole.

Hier war sie sicher. Hier konnte sie bleiben, bis eine der Mitbewohnerinnen nach Hause kam.

«Haben Sie etwas dagegen, wenn ich hier auf meine Freundinnen warte?», fragte sie höflich. Jetzt funktionierte die Stimme wieder tadellos. Erwartungsvoll sah sie Stefan Hinzberg an, der seinerseits überlegte.

«Ja, dagegen habe ich in der Tat etwas», sagte er dann. «Ich befinde mich gerade mitten in einer Sitzung.»

«In einer Sitzung?»

Stefan Hinzberg sah zum Fenster, und Nicoles Augen folgten seinem Blick. Am Fenster befand sich eine Frau um die fünfzig, die geschätzte zweihundert Kilo wog. Vor ihr lagen mehrere aufgerissene Tüten mit Kartoffelchips, Erdnüssen und anderem Knabberzeug. Sie glotzte Nicole angsterfüllt an, sagte aber keinen Ton. Ihre Hände waren an die Stuhllehnen gefesselt. Neben ihr befand sich ein Flip-Chart, auf den irgendjemand «Ich hasse Dickmacher» geschrieben hatte.

«Das ist Frau Schmal, eine meiner Patientinnen. Frau Schmal, das ist eine Nachbarin. Sie hat sich im Schornstein verfangen, wie Sie ja mitbekommen haben. Es geht gleich weiter. Sagen Sie bitte den Reim auf, während ich sie hinausbegleite.»

Frau Schmal nickte panisch und begann: «Böse Dinge, geht endlich weg, ich will euch nicht und nicht den Speck. Gemüse und Obst sind gute Sachen, die mich nie mehr dicke machen.»

«Ja dann», sagte Nicole und ging zur Tür. «Was machen Sie beruflich, wenn ich fragen darf?» Sie musste diese Frage einfach stellen, weil sie sonst vor Neugierde platzen würde.

«Ich bin Psychotherapeut», sagte Stefan Hinzberg stolz. «Und ich nehme nur wirklich schwierige Fälle an. Die, bei denen andere Therapeuten scheiterten. Bei Frau Schmal hat noch nichts genützt, aber nun sind wir auf einem guten Weg. Ich habe sie dazu überreden können, einen Löffel Gemüsesuppe zu essen.»

«Aha», sagte Nicole verstört.

«Wenn Sie mal Hilfe brauchen, kommen Sie einfach hoch und klopfen Sie», sagte Herr Hinzberg ernst. «Oder klettern Sie wieder durch den Schornstein. Den Weg kennen Sie ja jetzt. Ich würde Sie dann zwischenschieben. Wie gesagt, die ganz harten Fälle, die haben es mir angetan.»

Julia saß mit Sebastian da und hörte ihm zu. Frau Würfel war in die Praxis zurückgegangen und hatte sie allein gelassen.

«Ich bin im sechsten Semester», erzählte er ihr. «Und am Anfang konnte ich auch kein Blut sehen.» Er senkte die Stimme. «Das wissen meine Eltern aber nicht. Also – Silentium!»

«Schon klar», sagte Julia und nickte.

Sebastian sah toll aus. Sie wusste gar nicht, wie sie sich verhalten sollte.

Ihr Ex Marius war auch toll gewesen, zumindest hatte sie das gedacht, aber dann hatte er sich sang- und klanglos aus dem Staub gemacht. Sie hatte zuletzt erfahren, dass er nach dem Abi ins Ausland gehen wollte, was mit das Schlimmste war. Als sie Marius zur Rede gestellt hatte, meinte er nur: «Herrje, so ist das nun mal. Was glaubst du denn? Dass ich in Hamburg versauere?»

«Du tust ja gerade so, als sei Hamburg ein Kaff im Hunsrück», hatte Julia wütend entgegnet. Sie war verletzt und sauer zugleich, und sie fühlte sich entsetzlich gedemütigt, weil Marius ihr diese niederschmetternde Nachricht übermittelt hatte, nachdem sie ihm sein Abigeschenk gegeben hatte: einen superteuren Terminplaner aus Leder, den er sich schon lange gewünscht hatte. Sie selbst hatte nichts bekommen, was ihr im Normalfall gar nichts ausgemacht hätte, aber so schon.

«Was wird dann aus uns?», hatte sie ihn gefragt und sich bemüht, ihre Stimme fest und sicher klingen zu lassen.

«Was soll da werden? Du machst dein Ding, ich meins. Ist doch ganz einfach. London wird bestimmt total klasse.» Er war aufgestanden. «Außerdem werde ich in England schneller fertig und hab früher den Bachelor. Dann werde ich sehen, wohin ich gehe.»

Der ehrgeizige Marius wollte Maschinenbau studieren, und seine Zukunftspläne standen offenbar fest. Julia gehörte nicht dazu. Vielmehr wollte er, wenn er seinen Abschluss in der Tasche hatte, noch weiter weg. Nach Dubai oder Katar.

«Bestimmt komm ich auch irgendwann mal nach Hamburg und besuche euch», hatte er lahm gesagt und Julia kameradschaftlich auf die Schulter geklopft. Dann war er gegangen. Den Terminplaner hatte er mitgenommen.

«Und du konntest echt kein Blut sehen?», fragte Julia.

Sebastian nickte. «Es war ganz schlimm. Aber irgendwann ging es dann doch. Weil ich es *wirklich* wollte.»

«Ich will es doch auch», sagte Julia eifrig. «*Wirklich*. Nichts wäre schlimmer, als wenn ich deswegen alles an den Nagel hängen müsste.»

«Dann mal los», sagte Sebastian und strahlte sie aus seinen schönen blauen Augen an.

«Wie meinst du das?»

«Bin gleich wieder da.» Er stand auf, verließ die Küche und kam eine Minute später mit einigen kleinen Röhrchen und diversen Spritzen und Nadeln zurück. Dann krempelte er seinen Hemdsärmel hoch, reichte Julia einen Venenstauer und sah sie auffordernd an.

«O nein», sagte Julia und schaute auf die Sachen, die er auf den Küchentisch gelegt hatte.

«O ja. Du schaffst das schon. Und du bist ja nicht alleine. Ich bin bei dir und erklär dir ganz genau, wie's geht.»

«Aber wenn ich's nicht hinkriege?» Julia war nervös.

«Dann endest du wie eine alte Jungfer und wirst niemals mehr Sex haben», sagte Sebastian und grinste. «Aber das wollen wir ja nicht.»

«O nein», sagte Julia automatisch.

Sebastian sagte nicht «O ja», sondern hielt ihr den Arm hin.

neunzehn

«Kommen Sie bitte mit. Der Chef möchte Sie sprechen.» Frau Sternhagen hatte Kim nun schon hundertmal mit Blicken getötet. Nachdem sie aus dem Sendestudio geschlichen war, hatte sie Frau Sternhagen folgen und in deren Büro auf weitere Anweisungen warten müssen. Jede Minute kam ihr wie eine Stunde vor. Die Fortsetzung dieses Volontariats konnte sie vergessen. Und an allem war nur der bescheuerte Lukas schuld. Sie hätte ihn erdolchen können. Der war doch schon seit ein paar Wochen hier und müsste eigentlich wissen, wie diese ganzen Regler funktionierten. Wie unangenehm, dass sie mit ihrem Gezeter nun überall zu hören gewesen war. Peinlich, peinlich, peinlich. Und dann die Blicke von Frau Sternhagen und die der anderen. Es war so furchtbar.

Kim stand auf und folgte der Sekretärin mit gesenktem Kopf. Vor einer Holztür blieb sie stehen, klopfte an, öffnete sie und ließ Kim mit den Worten «Hier ist sie» eintreten.

Kim, die eigentlich dachte, dass sie jetzt sofort angeschrien werden würde, hielt die Luft an. Nach einer halben Minute, in der nichts passiert war, traute sie sich endlich hochzuschauen. Der Programmchef saß nicht hinter, sondern vorn auf seinem Schreibtisch und beobachtete sie.

Er lächelte.

Darauf war Kim nun gar nicht vorbereitet. Mit allem hatte sie gerechnet, aber nicht mit einem Lächeln des Programmchefs. Aber vielleicht war er ja ein Sadist und wollte nur noch ein wenig warten und erst dann die glühenden Zangen hervorholen?

«Das war ja ganz schön heftig», sagte Torben Mühl und lächelte noch breiter.

Kim machte «Hahaha», weil sie nicht wusste, was sie sonst machen sollte. Sie konnte ja schlecht wie eine pubertierende Zwölfjährige auf und ab hüpfen, mit ausgestrecktem Finger nach draußen deuten und rufen: «Ich war's nicht, ich war's nicht! Der Lukas war's, der ist sooo doof!» Immerhin waren sie hier nicht im Sandkasten und Torben Mühl keine einen aggressiv machende, weil stets geduldige Kindergärtnerin, die sich vom Lärm dreißig plärrender Plagen absolut nicht beeindrucken ließ und immer die Ruhe bewahrte.

«Wie gefällt es Ihnen denn so bei uns?», wollte Herr Mühl wissen, stand auf, spazierte um seinen Schreibtisch herum und setzte sich dann in einen Drehstuhl.

«Na ja … sehr lange bin ich noch nicht da», erklärte Kim und wurde rot.

Das war bestimmt einzigartig in der Geschichte des deutschen Radios, dass eine Volontärin schon nach der ersten Stunde ihres Dienstantritts für solchen Wirbel gesorgt hatte.

«Es haben ziemlich viele Hörer angerufen.» Herr Mühl wippte vor und zurück. «Viele junge Hörer, wenn Sie verstehen, was ich meine.»

Was gab es daran denn nicht zu verstehen? Kim verstand es nicht. Glaubte er im Ernst, sie wüsste den Unterschied zwischen jung und alt nicht?

Ja, sie war gutgläubig und manchmal trottelig, und sie hatte einen Waschtrockner an Betrüger verloren. Aber trotzdem verfügte sie doch über einen höheren Intelligenzquotienten als vier.

«Wir brauchen junge Hörer», sagte Torben Mühl und wippte nun so sehr hin und her, dass Kim Angst bekam, er könnte mit dem Drehstuhl hintenüberfallen und sich das Genick brechen. Andererseits wäre sie dann fürs Erste ihre Sorge mit der Kündigung los.

«Was haben wir nicht schon alles versucht, um uns eine junge Fangemeinde aufzubauen. Vergeblich.» Der Chef lächelte nicht mehr, sondern sah eher wie ein Inquisitor aus. Die Sache mit den fehlgeschlagenen Versuchen schien ihn arg mitzunehmen. «Höreraktionen hatten wir, das Musikprogramm haben wir teilweise umgestellt, aber nichts hat wirklich gefruchtet. Selbst Call-ins mit jungen Themen, die exakt diese Zielgruppe ansprechen, haben nicht so richtig funktioniert.»

«Das tut mir sehr leid», sagte Kim. Aber was wollte er ihr jetzt damit sagen?

«Bis heute.» Herr Mühl stand wieder auf, trat ans Fenster und sah schweigend hinaus. Es vergingen zwei Minuten, in denen keiner von beiden etwas sagte.

«Frau Ahrens, Sie haben ganz offensichtlich einen empfindlichen Nerv getroffen.» Nun kam er auf Kim zu und packte sie bei den Schultern. «Den Nerv der Zeit, um es mal mit Pathos auszudrücken. Sie sind unsere Rettung.»

«Ich?» Was war das für ein merkwürdiges Entlassungsgespräch?

«Ja, Sie. Wir beide, wir werden uns gleich mit den zuständigen Redakteuren zusammensetzen, um alles genau durchzusprechen. Denn Sie, Frau Ahrens, werden eine eigene Sendung bekommen. Eine Call-in-Sendung. Speziell zugeschnitten auf junge Hörer. Wir werden eine große Werbekampagne starten. Trailer, Plakate und so weiter. Wollen wir doch mal sehen, ob das nicht der Brüller wird.»

«Der Brüller wird ...», wiederholte Kim. «Aber ich ... ich kann doch gar nicht mit der Technik umgehen. Das ist ja mein erster Tag hier. Ich ... also ich weiß gar nicht, ob ich das kann.»

«Das wird schon alles werden», sagte Herr Mühl fröhlich und voller Enthusiasmus. «Und nun lasse ich die Redakteure holen. Wollen Sie Kaffee? Tee? Haha, vielleicht Milch? Sie sind ja noch so jung.»

«Ich möchte gar nichts», sagte Kim, die mit dieser neuen Situation völlig überfordert war.

Nicole hatte es vorgezogen, Herrn Hinzbergs Wohnung nicht durch die Tür, sondern durch den Schornstein zu verlassen. Sie hatte ja keinen Schlüssel. Stefan Hinzberg hatte so lange an seiner Ofenöffnung gewartet, bis sie heil ins Erdgeschoss geklettert war. So konnte sie sicher sein, dass er Hilfe holen würde, falls sie wieder stecken blieb. Und es funktionierte.

Nicole quetschte sich durch die nicht verschlossene Öffnung des Kachelofens im Wohnzimmer und ging erst mal duschen. Sie war total wütend. Weil sie sich in diesem Herrn Hinzberg so getäuscht hatte – wie konnte sie bloß annehmen, dass er normal war? Niemand in diesem Haus schien normal zu sein! Das war eine Klapsmühle hier. Und nachdem sie sich derart in ihre Wut hineingesteigert hatte, beschloss sie, diesen Herrn Baumann zur Rede zu stellen. Von Angesicht zu Angesicht. Und wenn die anderen heute Abend nach Hause kämen, könnte sie, Nicole, ihnen von ihrer Heldentat berichten, nämlich von der, dass sie Herrn Baumann unschädlich gemacht hatte.

«Er ist vor mir zurückgewichen», würde sie gelangweilt sagen. «Mit Angst in den Augen und einer flehenden Geste. Ich habe Gnade vor Recht ergehen lassen, ihn aber ganz schön auf den Topf gesetzt.»

«Wahnsinn!» «Irre!» Das würden ihre Freundinnen sagen. Und: «Wie hast du das hingekriegt?»

«Ach, kein Thema.» So würde ihre Antwort lauten. «Mit einer gesunden Mischung aus Rhetorik, Diplomatie und einer Portion Angsteinjagen.» Schade, dass sie noch nicht an der Polizeischule aufgenommen worden war, sonst hätte sie zudem sagen können: «Hab ich da gelernt.» Aber vielleicht würde das ja noch kommen.

Als nächste Amtshandlung suchte Nicole ihren Schlüssel, steckte ihn sich in die Hosentasche und öffnete die Tür, um zur Wohnung von Herrn Baumann zu gehen.

Sie hoffte, er würde nun auch dort sein. Im Garten war er jedenfalls nicht mehr, und auch vom Professor war nichts mehr zu sehen.

Nachdem sie die Wohnungstür hinter sich zugezogen hatte und sich umdrehte, stieß sie einen Schrei aus. Vor ihr stand Herr Baumann. Das Gewehr hatte er sich mittlerweile umgehängt.

«Du warst das also auf dem Dach!», herrschte er sie an, und Nicole nickte.

«Hab ich dich getroffen?»

Sie schüttelte den Kopf, Herr Baumann wirkte fast enttäuscht. «Ich ziele eigentlich immer gut. Na ja, vielleicht muss ich mal wieder zum Augenarzt. Der Schornstein ist hinüber», wechselte er dann barsch das Thema. «Das wird kosten.»

«Das ist ja wohl nicht meine Schuld», sagte Nicole leise.

«Werde nicht frech. Natürlich ist das deine Schuld. Wenn du nicht aufs Dach hochgeklettert wärst, dann hätte ich nicht schießen müssen. Das ist doch ganz logisch.»

Er hatte offenbar seine eigenen Ansichten. Ohne ihre Antwort abzuwarten, hielt er ein Schreiben hoch. «Post», sagte er. «Ich hole immer die Post rein. Sonst wird die noch geklaut. Man weiß ja nie.»

«Danke», flüsterte Nicole und beobachtete die ganze Zeit das Gewehr.

«Ist für eine von euch», kam es von Herrn Baumann. «Kriminell seid ihr also auch noch. Erst muss ich eine von euch vom Dach schießen, jetzt stellt sich raus, dass ich recht hatte. Ich habe meinen Beruf wirklich verfehlt. Zur Kripo hätte ich gehen sollen, aber nein, ich habe meine Zeit in der Schule verschwendet, um geistlosen Wesen die Schönheit der lateinischen Sprache beizubringen. Das hab ich jetzt davon.»

Wie gesagt, Baumann hatte seine eigene Logik. Und Lateinlehrer passte irgendwie auch zu ihm. Bestimmt war er sehr traurig, dass die Prügelstrafe vor langer Zeit abgeschafft worden war. Aber das würde sie ihn nicht fragen. Nicole hatte nämlich nicht vor, ihn auf dumme Gedanken zu bringen.

«Wieso sollten wir kriminell sein?», fragte sie stattdessen.

«Das hier ist von der Polizei. Na, was haben wir ausgefressen? Ladendiebstahl? Betrug? Bewaffneter Raubüberfall?»

Nicoles Herz begann zu rasen. Von der Polizei! Von der Polizei!

Sie riss Herrn Baumann den Brief aus der Hand, der sich lautstark darüber beschwerte, dann kramte sie den Schlüsselbund aus der Hosentasche, schloss die Wohnungstür auf, knallte sie hinter sich zu und rannte in die Küche. Dort setzte sie sich und atmete langsam ein und aus. Sie begutachtete den Brief von vorne und hinten, schüttelte ihn, strich ihn glatt, starrte ihn an.

Der Inhalt würde über ihre Zukunft entscheiden.

Was würde drinstehen?

Langsam und nur zentimeterweise öffnete sie ihn, holte dann die zusammengefalteten Briefbögen raus, auf dem oben das Polizeiwappen prangte. Und begann zu lesen.

Als Saskia die Patisserie endlich verlassen konnte, war es nach sechs und sie fertig mit den Nerven. Mandy Rübli war grausam, einfach grausam. Ihre etwas schrille Stimme, die Saskia anfänglich noch ganz amüsant gefunden hatte, war schon bald in ihren Ohren zu einem unerträglichen Gekeife mutiert.

Mandy hatte sich zwischen Pediküre und French-Nails plötzlich gegen die Kanalisationstorte und für die Zwickauer Matthäuskirche entschieden, weil sie ja jetzt das Wort Miniatur kapiert hatte und Kirchen gut fand, nicht nur den Kölner Dom. Saskia hatte natürlich sofort recherchiert und sich Fotos von dieser Matthäuskirche ausgedruckt, aber dann rief Mandy wieder an und wollte nun gar keine Hochzeitstorte mehr, sondern Erbsensuppe, um die Gäste zu verwirren. «Suppe kann man ja gar nicht anschneiden», hatte sie gekichert. «Das wird so lustig.» Aber letztendlich war sie doch wieder zur Kanalisation zurückgekehrt, und Saskia konnte alles, was sie bereits in den Papierkorb geworfen hatte, wieder rausholen und glatt streichen. Wie hatte sie sich nur darüber freuen können, diesen Auftrag zugeteilt bekommen zu haben?

«Püppi, aller Anfang ist schwer», hatte Olli gesagt. «Die Rüblis sind nicht einfach, ich weiß. Aber du wirst das schaffen, das weiß ich auch.»

Also hatte Saskia zähneknirschend weitergemacht.

«Hallo!», rief sie nach dem Reinkommen. «Ich bin da!» Sie pfefferte ihre Sachen in die Garderobe und ging ins Wohnzimmer. «Nicole?»

Nicole lag auf dem Sofa und starrte Löcher in die Luft. Sie hatte die Hände unter der Brust gefaltet und sah aus wie eine aufgebahrte Leiche.

«Bist du krank?», fragte Saskia besorgt.

Nicole schüttelte den Kopf.

«Hat deine Mutter wieder angerufen und dich genervt?»

Wieder Kopfschütteln.

«Was ist denn dann?»

Nicole erhob sich ächzend und deutete auf den Boden. Sie sagte immer noch nichts.

Saskia sah das Schreiben, hob es auf und las.

«Hey!», rief sie. «Was liegst du da so blöde rum? Du bist zum Vorstellungsgespräch eingeladen! Das ist doch total klasse.»

«Gar nichts ist klasse», sagte Nicole leidend. «Lies mal die zweite Seite.»

Saskia tat, was Nicole ihr gesagt hatte. «Ja und? Am Donnerstag um zehn Uhr. Die Unterlagen haben sie alle, nichts fehlt. Du willst mir doch nicht sagen, dass du Angst vor diesem Gespräch hast?»

«Nein.» Nicole stand auf und stellte sich vor Saskia. «Sieh mich doch mal an. Was fällt dir auf?»

«Du bist im Gesicht angeschwollen», sagte Saskia. «Bist du gegen irgendwas allergisch?»

«Nein, das waren Hornissen. Das meine ich nicht. Weiter.»

«Sonst nichts», sagte Saskia ehrlich. «Hm. Höchstens deine Haare sind anders. Irgendwie dunkler. Warst du beim Friseur?»

«Nein, ich war nur im Schornstein, nachdem ich fast erschossen worden wäre», sagte Nicole. «Aber darum geht es jetzt gar nicht. Es geht darum, dass ich gelogen habe.»

«Schornstein? Erschossen? Gelogen?» Saskia kapierte null.

«Bei meiner Größe», jammerte Nicole los. «Ich habe denen geschrieben, dass ich einen Meter sechsundsechzig groß bin. Man muss mindestens eins fünfundsechzig sein. Aber ich bin doch nur eins achtundfünfzig. Wenn die mich messen, bin ich erledigt.»

«Oh», sagte Saskia betrübt. «Hm.» Sie setzte sich aufs Sofa. «Dann lass uns mal überlegen, wie wir dich bis Donnerstag größer machen können. Wir warten auf die anderen, dann berufe ich einen Kriegsrat ein.»

«Ich wachse doch nicht mehr.» Nun begann Nicole zu schluchzen. «Ich könnte mich höchstens bei einem Orthopäden oder so strecken lassen. Aber ob das geht? Sieben Zentimeter? Das muss doch zu machen sein?!»

«Das kriegen wir schon hin», sagte Saskia.

Das Telefon klingelte. «Ich geh schon.» Sie stand auf. Es war ihre Mutter, die wissen wollte, wie der erste Tag und überhaupt alles verlaufen war. Saskia hatte sie nach dem Umzug nur kurz angerufen und versprochen, sich bald zu melden, aber heute war sie einfach noch nicht dazu gekommen.

«Und was machst du heute noch, Mampfel?», fragte sie abschließend.

«Nichts Besonderes», sagte Angelika Pupp. «Fernsehen. Vielleicht treffe ich mich noch mit Monika.» Das war ihre Freundin, die auch Single war.

Saskia legte auf. Sie musste die Operation Singlebörse im Internet möglichst bald starten. Das wäre doch gelacht, wenn sie für ihre Mutter keinen Mann finden würde. Aber eins nach dem anderen. Erst mal musste Nicole wachsen, und dann käme die Mutter unter die Haube. Außerdem war Saskia total neugierig, was nun mit Kim und der Radiogeschichte war. Sie musste ja auch irgendwann nach Hause kommen.

Während Saskia zurück ins Wohnzimmer ging, in dem Nicole mittlerweile wieder lag und vor sich hin starrte, kam Julia heim, die übers ganze Gesicht strahlte.

«Ich muss euch was total Tolles erzählen ...», begann

sie, aber da ging schon wieder die Tür auf, und Kim stand da. Sie sah genauso glücklich aus wie Julia.

Und sie hatte jemanden mitgebracht. Einen jungen Mann.

«Das ist Jupp», erklärte sie den anderen, ohne deren Aufregung zu bemerken. Sie war viel zu sehr mit sich selbst und diesem grandiosen Tag beschäftigt.

«Tach», machte Jupp, der ein bisschen aussah wie Jesus in schwul.

«Und was will Jupp hier?», fragte Julia leicht sauer, weil sie noch gar nicht zu Wort gekommen war.

«Ich hab totalen Hunger», sagte Kim gut gelaunt. «Deswegen hab ich zur Feier des Tages in der Mittagspause eingekauft, ja, es gibt wirklich was zu feiern. Kommt, lasst uns in die Küche gehen.»

Sie drehte sich einmal um sich selbst und klatschte in die Hände. «Ihr glaubt gar nicht, was passiert ist.»

«Du glaubst auch nicht, was hier los ist», entgegnete Saskia. «Nicole muss ...»

«Eins nach dem anderen», sagte Kim ungeduldig. «Erst will ich erzählen. Das ist alles so toll.»

Und sie ging in die Küche. Die anderen trotteten ihr hinterher. Auch Jupp. Und Nicole, die sich schwerfällig vom Sofa erhob.

Jupp lächelte die ganze Zeit gütig und hob beide Hände hoch, als wolle er eine Abendandacht halten. Jupp hatte wellige halblange Haare und einen so milden Gesichtsausdruck, dass es einen fast schon aggressiv machte. Er trug eine randlose Brille und erweckte den Anschein, als würde er gern für intellektuell gehalten werden.

«Es ist alles so toll», sagte Kim und holte den Aufschnitt aus einer Plastiktüte.

«Um Himmels willen, nein!», schrie Jupp, nachdem

sie die Salami auf den Tisch gelegt hatte. «Ihr bringt euch um. Das tötet!»

«Was? Die Salami?», wollte Julia wissen.

Sofort hielt Jupp sich die Ohren zu. «Nicht das böse Wort sagen. O nein, bitte nicht.»

Nicole, Saskia und Julia sahen erst sich, dann Kim an.

«Ist alles okay mit dir?», fragte Saskia dann in Jupps Richtung, der gerade dabei war, sich wieder einigermaßen zu fassen.

«Die Inhaltsstoffe …», sagte er so, wie ein Kriegsveteran nach seiner Heimkehr «Die schlimmen Jahre in Russland» sagen würde.

«Da kann Natriumascorbat drin sein», wisperte er, und Julia beschlich der Verdacht, dass er mit Nelli Reinhardt von oben verwandt oder verschwägert sein könnte. «Das kann Blasenkrebs erzeugen. Außerdem ist das alles gentechnisch manipuliert. Dann ist da noch Kaliumnitrat drin. Entsetzlich. Da stirbt man doch lieber gleich. Nein, ich habe immer mein eigenes Essen dabei. Trockenobst aus biologischem Anbau, Kürbiskerne aus biologischem Anbau, Cashewkerne aus biologischem Anbau und einen halben Liter Wasser natürlich. Von total glücklichen Quellen, die gut gelaunt über die Steine fließen.»

Saskia, die schrecklichen Appetit auf die Salami hatte, aber momentan ein wenig blockiert war, wagte noch einen Vorstoß. «Ich esse schon, seit ich denken kann, diese Sa… dieses Lebensmittel, und ich bin gesund.»

Traurig sah Jupp sie an. «Das denkst du vielleicht. Aber in deinem Körper lauern schon die Krankheiten, und die warten nur auf den Tag, an dem sie ausbrechen können. Dann gnade dir Gott.» Er stand auf und ging auf Nicole zu, die ängstlich zurückwich. «So ist es mit allen Lebensmitteln, die unnatürliche Substanzen enthalten. Sie werden uns töten, töten, töten.»

«Spinnst du?» Nicole stellte sich neben Julia, während Saskia die Salamipackung in die Hand nahm und anschaute, als würde ein getarnter Blindgänger vor ihr liegen.

«Kannst du uns das vielleicht jetzt mal alles erklären», wurde Kim von Julia aufgefordert. «Du kannst doch nicht einfach einen Wahnsinnigen mitbringen und dann rumstehen und nichts tun.»

«Vorhin kam er mir noch nicht wahnsinnig vor», rechtfertigte Kim sich leise, während Jupp ihr gar nicht zuhörte, sondern die Küche taxierte und auf neue Gefahren lauerte. «Das ist erst seit eben so. Also seitdem wir vom Sender weg sind. Seitdem erzählt er dauernd davon, dass wir alle verschmutzte Luft einatmen und über kurz oder lang daran sterben werden. Aber mir sind die Hände gebunden.»

«Was? Wie? Was meinst du mit Hände gebunden?»

«Ihr alle werdet sterben!», rief Jupp theatralisch. «Seht ihr es denn nicht? Überall sind Schadstoffe.» Er wirbelte in der Küche herum und deutete auf den alten Schrank, den Saskia von ihrer Oma geschenkt bekommen, selbst abgebaut und in die WG mitgenommen hatte. «Wie viele Hände haben ihn berührt, wie viele Bakterien wurden darauf hinterlassen? Da, sie springen uns schon ins Gesicht.»

«Ich halte es für besser, wenn er jetzt geht», schlug Saskia Kim vor. «Ich wollte eigentlich einen gemütlichen Abend verleben. Mein Tag war anstrengend genug. Außerdem müssen wir noch einiges besprechen, und zwar Dinge, die nicht für fremde Ohren bestimmt sind.»

Jupp sah sie mit einem waidwunden Blick an. «Ihr

versteht nichts. Nichts versteht ihr. *Makrobiotische* Kost ist das Zauberwort. Aber das kapiert ihr ja nicht. Ja, ich gehe. Irgendwann wird meine Mission Früchte tragen.»

«Getrocknete?», wollte Saskia wissen, aber Jupp verstand ihren Sarkasmus nicht, sondern stand auf.

«Moment, Moment!», rief Kim. «Jupp, warte mal. Wir sollen uns doch besser kennenlernen.»

«Wieso?» Nicole hatte sich mittlerweile einigermaßen gefasst und war neugierig. «Wo kommt dieser Vogel überhaupt her? Ich kapiere gar nichts.»

«Ich bin ein Auserwählter», sagte Jupp ernst. Dann nahm er seine Jacke und stiefelte aus der Wohnung. Während er ging, sprang er hin und her. Möglicherweise wollte er bösen Bakterien ausweichen.

zwanzig

«Du hast dich nicht an die Abmachung gehalten», sagte Saskia böse, nachdem Jupp ohne zu sterben das Haus verlassen hatte. «Keine Männer.»

«Das ist doch was ganz anderes», erklärte Kim. «Ich weiß ja nicht, wer von euch heute Radio gehört hat, aber …»

«Ich habe es gehört», sagte Saskia. «Kurz zumindest. Dann musste ich mich wieder um die Kanalisation von Zwickau kümmern.»

«Ich habe kein Radio gehört», tschilpte Julia selig und bekam rote Wangen. «Ich habe den ganzen Tag lang nur Blut abgenommen.» Das stimmte. Sebastian war zwar kurz vor einer Anämie, aber letztendlich hatte es funktioniert.

«Ich hab auch kein Radio gehört.» Nicole räusperte sich und wollte ihre schlimme Schornsteingeschichte erzählen und die entsetzliche Tatsache kundtun, dass sie zu klein für die Polizeischule war und sie deswegen gelogen hatte, aber dazu kam sie nicht, weil Kim das Gespräch wieder an sich riss.

«Ich werde Radiomoderatorin», sagte sie mit stolzgeschwellter Brust. «Nach meinem ersten Tag! Ist das zu fassen? Und Jupp wird mein Co-Moderator!»

«Was?»

«Ja, hört zu ...» Und sie begann zu erzählen, von Anfang an. Von ihrem Einstand bei Frau Sternhagen, von Lukas, der sie verfolgt hatte, dem sie aber jetzt dankbar war, und dass kurzfristig ein Aufruf über den Sender gejagt wurde, in dem ein «junger, dynamischer, von sich überzeugter» Mann gesucht wurde, der den Hörern gemeinsam mit Kim gute Tipps geben und eine launige Sendung moderieren würde. Der schlagfertig war und auch Paroli bieten konnte. Lukas war natürlich beleidigt gewesen und meinte, man könne doch ihn nehmen, konnte aber niemanden wirklich von seinem Vorschlag überzeugen. Und Jörg Marengo war ebenfalls sauer gewesen, weil er Angst hatte, dass Kims Sendung erfolgreicher sein könnte als seine.

Unzählige hatten angerufen, die Telefonanlage des Senders war beinahe zusammengebrochen, und dann hatte man sich für Jupp entschieden, weil der «mal was anderes» war.

«Heißt der wirklich Jupp?», wollte Julia wissen, nachdem Kim fertig war und außer Atem dasaß.

«Ja», nickte sie. «Er heißt Jupp van der Knatter.»

«Das ist nicht dein Ernst. So kann man nicht heißen», sagte Saskia fassungslos.

«Doch. Sein Vater ist Niederländer. Die Familie kommt ursprünglich aus Den Haag. Sein Vater …», nun senkte Kim die Stimme, «… war Koch im Königshaus. Bei Königin Beatrix! Er kennt auch die Prinzen und die Frau von Kronprinz Willem-Alexander, die Máxima. Die soll ganz nett sein. Jupps Mutter ist Deutsche, und ihr hat es in Den Haag nicht so gut gefallen, deswegen sind sie wieder nach Deutschland gezogen. Der Vater hat jetzt hier ein eigenes Restaurant.»

«Und was macht dieser Jupp sonst so?»

«Keine Ahnung», sagte Kim. «Ich kenn ihn ja kaum. Ich weiß nur, dass er total öko ist und auch schnell jähzornig wird. Aber Herr Mühl, das ist der Chef, sagte, das sei genau richtig. Jupp lässt sich nicht so schnell die Butter vom Brot nehmen. Ihr hättet den mal sehen sollen heute. Als er ausgewählt wurde und danach in den Sender kam – der Pförtner hat ihn nicht gleich reingelassen, und da hat Jupp einen Ausraster bekommen und alle Grünpflanzen im Foyer zerstört, einfach so. Der Pförtner konnte froh sein, dass er hinter einer Glasscheibe gesessen hat.»

«Und mit so jemandem willst du eine Sendung moderieren?», fragte Julia und schüttelte den Kopf. «Also, ich hätte da Angst.»

«Ach Quatsch», sagte Kim, die voller Optimismus in die Zukunft blickte. «Ich weiß schon, wie man Jupp nehmen muss.»

«Ich denke, du kennst ihn kaum.»

«Trotzdem», sagte Kim. «Jetzt freut euch doch mal mit mir. Ich werde berühmt, und bald schon werden da draußen vor diesem Haus scharenweise Fans von mir stehen, die um ein Autogramm betteln. Und wenn ich dann mal heirate, wird es ein riesiges Presseaufkommen geben. Wie gut, dass ich so viele Brautkleider habe. Die Entscheidung wird mir schwerfallen, aber egal.»

«Du willst diesen Jupp doch nicht heiraten?», wollte Nicole wissen.

«Das werde ich dann zu gegebener Zeit mit meinem Management besprechen.» Kim nickte der Freundin hoheitsvoll zu, und Nicole wartete nur darauf, dass sie ihr die Hand zum Kuss hinhielte. «Wenn es gute Presse gibt, warum nicht? Das hat ja die Verona Feldbusch auch so gemacht.»

«Willst du dich mit der vergleichen?»

«Nein», sagte Kim. «Ich werde schon bald viel bekannter sein als die. Aber nun erzählt mal von euch. Wie war euer Tag? Was ist mit dir passiert, Nicole? Hast du dich geprügelt? Dein Gesicht sieht aus, als hätten die Klitschkos keinen guten Tag gehabt.»

«Du könntest dir hohe Schuhe anziehen», schlug Julia vor, nachdem Nicole von ihrer Lüge im Bewerbungsschreiben erzählt hatte.

«Die messen mich doch bestimmt barfuß», antwortete die.

«Ich hab's!», rief Kim, die immer noch vor Enthusiasmus strotzte. «Wir kaufen dir eine Perücke, und zwar eine, wo die Haare so hochtoupiert sind. Das ist die Lösung!»

«Die sind doch nicht blöd», sagte Saskia. «Die legen das Lineal oder was auch immer bestimmt direkt auf dem Kopf an.»

«Glaub ich auch.» Nicole war schon wieder kurz vorm Heulen. Sie wollte Mitleid um jeden Preis und erzählte die Geschichte vom Schornstein, Herrn Baumann, dem Professor und Stefan Hinzberg.

«Wo sind wir hier nur hingeraten?», waren sich alle einig. Nur Bekloppte, egal in welches Stockwerk man kam. Zum Glück konnten sie die Tür hinter sich schließen und mussten nicht unbedingt dauernd mit allen kommunizieren, und das würden sie auch nicht tun.

«Aber diesen Herrn Baumann würde ich anzeigen», sagte Saskia. «Ich meine, hallo? Der hat dich fast umgebracht.»

«Das ist doch mittlerweile ganz egal», schluchzte Nicole. «Und er hat mich bestimmt nicht getroffen, weil ich so klein bin. Hätte er mich doch umgebracht. Was soll ich nur tun, was soll ich nur tun? Wenn meine Mutter das erfährt, wird sie vor Freude Purzelbäume schlagen.»

«Wird sie nicht», sagte Julia. «Dabei könnte man sich doch verletzen. Aber du hast schon recht. Sie wäre zufrieden und glücklich, und sie würde sagen: ‹Hab ich's nicht gleich gesagt?› Allein schon deswegen müssen wir eine Lösung finden.»

«Moment ...» Saskia dachte nach, und ihre Idee nahm plötzlich Form an. «Ich hab's!»

«Was?», fragten alle durcheinander.

«Frau Rübli», sagte Saskia und stand auf. «Eine Kundin. Ich werde Frau Rübli anrufen. Die hat schon Tausende von OPs an sich machen lassen. Nase, Lippen, Lider, Ohren, Busen, Fettabsaugen und was weiß ich nicht noch alles. Die kennt bestimmt jemanden, der an dir irgendetwas macht, Nicole, damit du größer wirst.»

«Eine Operation?», kreischte Nicole.

«Das weiß ich nicht. Ich muss sie erst fragen. Aber wer nicht wagt, der nicht gewinnt. Ich habe ihre Nummer in meinem Handy abgespeichert.» Schon wählte sie die Nummer und erreichte Mandy Rübli in der Tat sofort, schilderte ihr das Problem, nahm zwischendurch noch eine Zusatzbestellung in Form von gebackenen Misthaufen auf, weil der Scheißer zur Mandy mal gesagt hatte, dass ihr neues Parfüm wie Kuhmist riechen würde, dann legte sie auf.

«Morgen um zehn bei Doktor Iris Herbst, Jungfernstieg. Sie ist spezialisiert auf Schönheits-OPs. Und nun sag danke», forderte sie Nicole auf.

«Ich weiß nicht», antwortete Nicole unentschieden. «Das ist doch dann auch Betrug.»

«Blödsinn. Das müssen die ja nicht wissen.»

«Was macht die denn da mit mir? Setzt die mir dann künstliche Rippen ein wie bei Cher?»

«Die hat sich Rippen entfernen lassen», wurde sie von Julia korrigiert. «Ich würde es machen. Also erst mal hingehen. Dann sieht man weiter.»

«Ich werde dich begleiten», sagte Saskia großmütig. «Ich wäre morgen Vormittag sowieso nochmal zu Frau Rübli nach Hause gegangen, um diese Hochzeit zu besprechen. Ist kein Problem, ich mache das gern.» In Wahrheit wäre sie vor Neugierde geplatzt, wenn sie nicht hätte mitgehen dürfen. «Jetzt brauche ich aber auch mal eure Hilfe. Es geht um meine Mutter. Ich muss endlich einen Mann für sie finden. So geht das nicht weiter. Sie ist so jung und kann unmöglich für den Rest ihres Lebens abends allein vor dem Fernseher hocken.»

«Deine Mutter sieht doch total gut aus», sagte Kim verwundert. «Wieso findet sie keinen Mann?»

«Weil sie immer an die falschen Typen gerät. Sie antwortet auf komische Zeitungsinserate, in denen so Sachen stehen wie *Kater sucht Kätzchen zum gemeinsamen Fauchen* oder *Junggebliebener Rentner will seinen Lebensabend finden, gerne mit Bargeld.*»

«Wieso antwortet sie denn auf diese Annoncen?» Julia schüttelte sich.

«Weil es keine anderen gibt», wurde sie von Saskia belehrt. «Die sind alle so.»

«Das ist ja gruselig.»

«Sag ich doch. Deswegen möchte ich ihr gern auf einer dieser Singlebörsen oder so ein Profil erstellen.»

«Und dann?»

«Dann suchen wir uns nette Männer aus. Für sie natürlich.»

Saskia war schon auf halbem Weg nach draußen, um ihren Laptop zu holen.

«Na ja, besser als das mit dem Kater und dem Fauchen kriegen wir das allemal hin», sagte Kim. «Und ich als Starmoderatorin werde natürlich die passenden Worte finden.»

«Da muss man ja erst einen Persönlichkeitstest machen.» Julia war enttäuscht. Davon abgesehen schaute sie ununterbrochen auf ihr Handy, das unentwegt piepte, weil eine SMS nach der anderen einging.

«Sag mal, wer schreibt dir denn da dauernd?», fragte Kim Julia.

«Na er!»

«Wer ist er?»

Julia lächelte geheimnisvoll. «Der Mann, dem ich heute Blut abgenommen habe. Es war so romantisch. Er heißt Sebastian, ist der Sohn des Arztes, und wir haben den ganzen Nachmittag zusammen verbracht. Er ist total süß. Er studiert auch Medizin.»

«Du studierst doch noch gar nicht», stellte Kim richtig.

«Aber ich kann Blut abnehmen. Das ist doch fast dasselbe. Hier, schau, er schreibt: ‹Bis morgen.› Ist das nicht toll?»

Saskia schüttelte fast unmerklich den Kopf. Das musste an diesem Haus liegen. Sie waren zwar gerade erst hier eingezogen, aber dieses Haus hatte etwas an sich, das alle irgendwie komisch werden ließ. Die eine kam mit einem Jupp van der Knatter an, die andere musste aus Angst um ihr Leben in den Schornstein flüchten und hatte ein von Hornissen zerstochenes Gesicht, und die Dritte fand es romantisch, jemandem Blut abzunehmen, und zerging fast vor Gefühl wegen einer bekloppten SMS, in der ‹Bis morgen› stand. Wenn der Typ ihr wenigstens ein Gedicht geschrieben hätte. ‹Nun ja›, musste Saskia ehrlich vor sich zugeben. ‹Und ich, die Vierte, muss bald die Kanalisation von Zwickau backen und Eclairs in Klorollenform. Von den Misthaufen mal ganz abgesehen. Ganz normal ist das auch nicht. Aber es passt gut zu den anderen.›

Dann konzentrierte sie sich auf das Persönlichkeitsprofil und tippte, während die anderen ihr gute Ratschläge erteilten. Fotos von ihrer Mutter hatte sie auf dem Laptop, sie suchte die schönsten raus. Es musste klappen. Sie sah wirklich super aus. Wenn da kein Mann drauf antwortete, wüsste Saskia auch nicht weiter. Sobald die ersten Antworten da waren, selbstverständlich mit Foto, würde sie ihre Mutter informieren.

Später riefen sie noch den Professor an, um ihm mitzuteilen, dass er beinahe einen Mord an einer Mieterin zugelassen hätte.

«Aber das machen wir doch immer so», war die gutgelaunte Antwort von Herrn Haselmaus. «Der Schornsteinfeger kennt das auch nicht anders. So schrecken wir potenzielle Einbrecher ab, verstehen Sie? Das ist eine Präventionsmaßnahme.»

Nicole, die angerufen und ihr Leid geklagt hatte, legte irgendwann resigniert auf. Der Professor war nicht besser als die Hausbewohner. ‹Uns eingeschlossen›, dachte sie heimlich. Keine der vier traute sich daraufhin, nochmal bei Herrn Baumann zu klingeln. Man wusste ja nicht, was passieren könnte.

Sie würden sich ruhig verhalten und versuchen, nicht mehr für Aufruhr und Wirbel zu sorgen. Dann blieben sie vielleicht am Leben. Vielleicht.

einundzwanzig

«Hahahaha, fast hätte ich Sie über den Haufen gerannt, Sie sind ja wirklich klein, Darling.» Mit diesen Worten und einem Augenzwinkern wurden Nicole und Saskia von Iris Herbst, der Spezialistin für Schönheits-OPs, begrüßt.

Nicoles Laune sank sofort auf den Nullpunkt.

Frau Rübli war noch nicht da. Sie musste sich von ihrer Migräne erholen, von der sie gestern Abend noch befallen worden war, nachdem die Polsterei ihres Vertrauens angerufen und ihr mitgeteilt hatte, dass es diesen Chintz-Stoff, den sie so gern für die Neugestaltung ihres Privatsalons gehabt hätte, derzeit nicht in Jadegrün gab. Als man ihr dann noch sagte, dass es höchst ungewiss sei, wann und ob die jadegrünen Stoffbahnen jemals in Hamburg eintreffen würden, war es um ihre Fassung geschehen. Da hatte auch der goldene Armreif vom Scheißer nichts genutzt.

«Was gefällt Ihnen denn an Ihren Füßen nicht, Honey?»

«Eigentlich gefällt mir alles.» Nicole hatte sich noch nie große Gedanken über ihre Füße gemacht. Sie waren eben da. Aber nun mussten sie ihr helfen.

Aber Iris wartete die Antwort gar nicht ab. «Ziehn Sie mal die Schuhe aus, dann kann ich besser einen Look drauf machen.»

«Sind Sie Amerikanerin?» Saskia fragte das, weil sie sich wunderte. Iris Herbst klang irgendwie doch sehr deutsch.

«No, ich komm aus die Allgäu. Aber ich war schon mal zwei Weeks auf ein Seminar in New York, das war really lovely. Da hab ich mir die Slang wohl für immer und ewig angewöhnt.»

Aha. Nun, Saskia war auch schon mehrfach im Ausland gewesen, hatte sich aber weder einen französischen noch einen dänischen Dialekt angewöhnt. Aber vielleicht fand Frau Doktor Herbst das ja einfach chic.

«Es geht um Silikon», sagte Saskia. «Frau Rübli hat Ihnen vielleicht schon erzählt ...»

«Well, hat sie, hat sie. Die gute Mandy. Ein Schatz. Sie wollte gleich vorbeikommen, auch um zu schauen, was so geht hier. Dann wollen wir Sie ein paar Zentimeter größer machen, well. Ich hab hier eine ganz neue Methode, da können Sie heute schon wieder putzmunter rumlaufen. Kommt auch aus den USA. Well, woher sonst? Das ist ein, zwei Spritzen in jeden von die Füße, und dann, schwuppdiwupp, sind da wie Kissen unter die Füßen, und dann bist du wie durch Hokuspokus größer. Tut auch nicht weh.»

«Hat das keine Nebenwirkungen?» Schönheitsoperationen waren Nicole schon immer suspekt gewesen, und sie hatte sich mal geschworen, nie an sich herumschnippeln zu lassen. Aber dies war ein Notfall, und sie musste ihren Schwur kurzzeitig brechen.

«Nein, of course nicht. Dann würde ich nicht zulassen es.»

Iris sah auf ihre goldene, brillantbesetzte Armbanduhr. «Wo bleibt die Mandy bloß? Na, egal, dann wir machen ohne sie. Legen Sie sich auf die Liege da, okay?»

Nicole sah Saskia an, die aufmunternd nickte und «Es geht doch um deine Zukunft» flüsterte. Seufzend ließ sich Nicole auf der Liege nieder.

Wenn ihre Mutter das wüsste! Nein, nein, nein, nicht daran denken.

Eine Viertelstunde später war Iris fertig, und außer einem etwas tauben Gefühl spürte Nicole gar nichts.

Sie sah an sich herunter, und auch Saskia, die draußen gewartet und nun wieder hereingekommen war, begutachtete das Ergebnis neugierig.

Dann stieß Nicole einen Schrei aus, und Saskia tat es ihr nach.

Sie hatten völlig vergessen, Iris zu sagen, um wie viele Zentimeter Nicole wachsen wollte.

«Ich bin ein Vollprofi», sagte Iris andauernd.

«Das war ein Fehler», klagte Nicole. «Ein schlimmer Fehler.»

«Oh, really? Aber warum? Es sieht toll aus!»

«Es sieht aus, als hätte ich einen Klumpfuß oder Elephantiasis. Machen Sie das wieder weg.»

«Ich weiß doch, was ich mache, Darling», sagte Iris, die ihr Wunderwerk nicht wieder zerstören wollte. «Es sind doch nur fünfzehn Zentimeter.»

«Fünfzehn Zentimeter? Sind Sie irre?» Jetzt brüllte Nicole mit einer Mischung aus Verzweiflung und grenzenloser Wut. Saskia konnte nicht anders, sie begann hysterisch zu kichern.

«Es sollten doch nur sieben Zentimeter sein!»

«Well, das wusste ich nicht», sagte Iris.

Nicole stand von der Liege auf und wollte auf Iris zulaufen, fiel aber wegen der ungewohnten Silikonmasse in den Füßen prompt der Länge nach hin, woraufhin Saskia noch hysterischer kicherte. Sie war krebsrot im Gesicht und bekam kaum noch Luft, weil sie dauernd versuchte, das Kichern zu unterdrücken.

Iris wiederholte mantrahaft: «Ich bin ein Vollprofi», aber nachdem Mandy Rübli wutentbrannt in der Tür stand und auf ihre nasse Bluse deutete, sagte Iris das nicht mehr.

«Die Kochsalzlösung rechts ist ausgelaufen!», schrie Mandy, und Nicole schrie: «Nicht dass meine Füße noch auslaufen!», und Saskia rannte aus dem Behandlungszimmer, weil sie sonst vor Lachen gestorben wäre. Natürlich tat Nicole ihr leid, aber sie konnte einfach nicht anders.

Seitdem sie ausgezogen waren, passierte ein Unding nach dem anderen.

Abends checkte Saskia bei www.kein-single-mehr.de die Antworten, die eingegangen waren. Sie hatte einen einigermaßen ruhigen Tag hinter sich, von dem Drama bei Iris Herbst mal abgesehen. Nicole hatte durchgesetzt, dass die Hälfte des Silikons wieder herausgenommen worden war, und konnte jetzt einigermaßen gerade laufen. Sie trippelte die ganze Zeit in der Wohnung auf und ab und übte das richtige Gehen. Nicht dass sie denen in der Polizeischule durch einen unnatürlichen Gang auffiel und ihre Größe noch einmal überprüft wurde. Alles musste authentisch wirken.

«Die Gartentreppe ist gekommen», wurde sie von Nicole begrüßt, nachdem sie heimgekommen war. Sie war ziemlich müde. Mandy war wegen ihrer Brüste erst mal außer Gefecht gesetzt und brauchte eine Auszeit, sie hatte Saskia bei den weiteren Vorbereitungen freie Hand gelassen, und die war dankbar dafür gewesen. Und Olli ließ sie auch machen, was sie für richtig hielt. Sie jobbte nun schon so lange bei ihm und seinem Freund, er wusste, dass er sich auf sie verlassen konnte.

Die beiden Aushilfen vom Studentenwerk waren da gewesen, und Saskia hatte beide engagiert. Sie hießen Ben und Alexander, waren total nett und freundlich gewesen und wollten den Job unbedingt haben.

Alexander gefiel Saskia sehr, aber das würde sie ihm nicht sagen. «Keinen Sex im Job», hatte Olli ihr mal gesagt. «Das gibt nur Unruhe.»

«Und was ist mit dir und Johannes?», hatte Saskia gefragt. «Aber das ist bestimmt ganz was anderes.»

«Ist es auch. Wir haben ja keine Sex-, sondern eine Liebesbeziehung. Das ist ein Unterschied wie Tag und Nacht.»

Also war Saskia freundlich zu allen, ohne irgendjemandem das Gefühl zu geben, dass sie ihn oder sie besonders nett fand. Manche mochten das kühl finden, aber so war das gar nicht gemeint. Davon mal abgesehen hatte sie wirklich und wahrhaftig überhaupt keine Lust auf einen festen Freund. Wenn sie an das Drama mit Julias Ex und diesem Lukas dachte, der sich mit neunzehn so verhalten hatte, als sei er schon siebzig, und dasselbe von Kim verlangte, schüttelte es sie.

Nee, das Zauberwort hieß *leben*.

«Wir wussten doch, dass die Gartentreppe kommen würde», sagte Saskia und öffnete den Internet-Browser.

«Wir wussten aber nicht, dass die so angebracht wird, dass diese Familie Reinhardt jetzt immer direkt vor unserem Wohnzimmerfenster die Treppe runtergeht und uns sehen kann.»

«Dann ziehen wir eben die Vorhänge zu.»

«Es geht mir nicht um Vorhänge. Es geht mir ums Prinzip. Das mit der Treppe hätte wenigstens abgesprochen werden können. Ich bin ja wirklich dankbar, dass die Treppe nicht *in* unser Wohnzimmer führt.»

«Sag das nicht so laut, wenn die das hören, entscheiden sie sich vielleicht noch um», grinste Saskia.

«Was machst du da überhaupt?»

«Erstens möchte ich mich entspannen, ich hab nämlich Dienstschluss, und zweitens möchte ich nachsehen, ob jemand auf die Kontaktanzeige geantwortet hat.»

Nicole war aus welchen Gründen auch immer auf Krawall gebürstet. «Und was ist mit der Wohnung?»

Saskia schaute auf. «Was soll damit sein?»

«Ich hab vorhin den Plan nochmal gelesen. Du hast diese Woche Putzdienst.»

«Sag mal, was ist denn das für ein Ton?»

«Mein Ton ist ganz normal», sagte Nicole. «Ich war auch schon einkaufen, so wie es auf dem Plan steht, und das, obwohl ich behindert bin. Aber ich halte mich an unsere Abmachung. In dieser Woche hast du Putzdienst,

Julia kocht, ich mache Einkäufe, und Kim ist zuständig für alles andere.»

«Ich finde das mit dem ‹alles andere› eh komisch. Das ist der beste Dienst, den man sich wünschen kann», entgegnete Saskia schnippisch.

«Das kannst du ja dann sehen, wenn du für diesen Dienst eingeteilt bist. Diese Woche hat Kim aber diesen Dienst, was mir auch lieber ist. Sie kommt sonst sowieso wieder nur mit Sachen aus dem Feinkostladen an. Ich natürlich nicht. Aber in dieser Woche ist es jedenfalls bei dir Putzen.»

«Was gibt es denn nach den paar Tagen schon groß zu putzen?»

«Waschbecken, Badewanne, Toiletten, Böden wischen, Abstauben, Saugen, Abspülen und so weiter und so fort. In der Küche steht immer noch das Geschirr von gestern Abend und natürlich auch das von heute Morgen.»

«Stell dich nicht so an. Ich mach das jetzt hier, und dann räum ich erst mal das Geschirr in die Spülmaschine, damit Julia gleich kochen kann.»

«Der Geschirrspüler ist defekt», sagte Nicole.

«Woher weißt du das?»

«Weil ich ihn vorhin probeweise schon mal angestellt habe. Es tut sich nichts. Wir müssen einen Handwerker kommen lassen.»

Saskia stand auf. «Es wird nicht wegen jedem Scheiß ein Handwerker geholt. Die kosten fast fünfzig Euro pro Stunde.»

«Fang jetzt an», forderte Nicole.

«Kann es sein, dass dir das Silikon in den Kopf gestiegen ist?», fragte Saskia böse.

«Nein. Ich will nur im Vorfeld solche Streitigkeiten

vermeiden. Und wir haben uns versprochen, dass wir uns an den Plan halten.»

«Da steht aber nicht, *wann* ich putzen muss. Ich kann auch nachts putzen.» Allmählich hatte Saskia keine Lust mehr auf die Diskussion. Nicole hatte wieder mal ihre fünf Minuten. Die hatte sie zwar nicht oft, aber wenn sie die hatte, war sie ungenießbar wie ein Knollenblätterpilz. Vielleicht war Nicole aber auch noch sauer auf sie, weil sie, Saskia, die Idee mit Mandy Rübli gehabt hatte. Schon vorhin, als sie Nicole nach Haus gebracht hatte, war Nicole stinkig gewesen, weil Saskia die ganze Zeit unkontrolliert gickeln musste.

«Nachts wird nicht geputzt. Ich will nicht noch mehr Ärger mit den Nachbarn.»

«Entschuldige bitte mal, aber ich glaube eher, dass die Nachbarn, in persona dieser Herr Baumann, eher froh sein sollen, dass sie keinen Ärger mit uns bekommen. Du solltest ihn anzeigen.»

«Nein.»

«Dann eben nicht.»

«Jetzt geh putzen.»

«Nicole …» Saskia stand auf. «Es reicht jetzt. Ich putze, wann ich will.»

«Ich bin gespannt, was die anderen dazu sagen», sagte Nicole und verließ den Raum. Sie knallte die Tür lauter zu als nötig.

Saskia setzte sich wieder hin und loggte sich bei kein-single-mehr.de ein. Und fast traf sie der Schlag. Es waren über fünfzig Antworten eingegangen. Und alle, alle mit Foto!

Zum Glück kam Julia gerade nach Hause. Kim würde heute später kommen, weil sie mit dem Programmchef, den Redakteuren und Jupp van der Knatter essen ging.

Denn schon nächste Woche sollte ihre Sendung zum ersten Mal laufen. Kim war schon heute Morgen fix und fertig, aber auch sehr glücklich gewesen. Auch weil Jörg Marengo sie gefragt hatte, ob sie mit ihm mal einen Kaffee trinken gehen würde, woraufhin Lukas, der immer noch beleidigt war, gemeint hatte, in der Kantine sei der Kaffee aber billiger, und überhaupt hätte Kim ja seine Einladung zu einem Stammessen kaltschnäuzig abgelehnt. Er versuchte Kim vor den Kollegen schlechtzumachen, was ihm aber nicht gelang, da eigentlich niemand Lukas mochte. Er war weder witzig noch freundlich, noch verfügte er über eine sonstige Eigenschaft, die ihn in irgendeiner Form interessant machte. Er war falsch und lästerte, und das Schlimmste: Er kam sich dabei noch unheimlich toll vor. Die Kollegen mieden ihn, und er wurde auch nie gefragt, ob er abends mit in die Kneipe kommen wollte. Ein einziges Mal hatten sie ihn mitgenommen, da hatte er behauptet, kein Geld dabeizuhaben, und ließ sich von allen aushalten. Als die Kollegen irgendwann das Geld zurückforderten, sagte er nur: «Ihr müsst es ja nötig haben.»

«Julia, komm her, schnell!», rief Saskia. «Das musst du dir anschauen.»

Zwei Minuten später saßen sie vor dem Laptop, lasen Antworten und sahen sich Fotos an.

«Die sehen ja alle gut aus», sagte Julia. «Der hier zum Beispiel. Daniel, dreiundvierzig, mit eigener Fabrik, bislang überzeugter Single ohne Altlasten, aber einer Katze, wohnt in einer schicken Altbauvilla in Pöseldorf, hat vier Autos, von denen zwei Oldtimer sind, die nur im Sommer gefahren werden, verfügt über ausreichend Personal, das in einem Extrahaus untergebracht ist, besitzt einen offenen Kamin und ein Hallenbad sowie einen Außenpool. Und da steht, dass Daniel im Sommer für mehrere Monate verreist, gern auf seiner eigenen Yacht, aber wenn es ihn überkommt, fliegt er auch ganz spontan nach L. A. oder nach Oklahoma.»

«Ist es in Oklahoma denn nicht schön?», fragte Saskia, und Julia verdrehte die Augen.

«Darum geht es doch nicht, Püppi. Es geht darum, dass so ein Typ doch nicht übers Internet eine Frau suchen muss. Der muss sich doch nur einmal umdrehen, da hat er zwanzig. Selbst wenn er hier jemanden sucht, schreibt er doch nicht in sein Profil, dass er Knete hat ohne Ende. Dann wäre es doch so, dass er schon die Schnauze voll hätte von den ganzen Weibern, die eben nur sein Geld wollen. Verstehst du?»

«Nee.»

«Das ist doch ganz einfach – er würde gar nichts von Geld schreiben, sondern erst mal austesten, ob die Frau wirklich *ihn* will und nicht nur die Kohle.»

«Ach so.» Saskia nickte.

Julia rückte näher an den Monitor. «Außerdem sieht das Foto irgendwie nicht echt aus. So gestellt.»

«Vielleicht war er ja beim Fotografen.»

«Trotzdem.» Sie rückte noch näher. «Ej, das ist dieser Typ aus der Schokoladenwerbung. Erkennst du ihn nicht? Für diese Schokokugeln mit den Nüssen drin. Da, wo alle stehen und ‹Howard› rufen. Das ist Howard!»

«Das ist ja Betrug», regte sich Saskia auf.

«Er wird schon einen Grund haben», sagte Julia. «Wahrscheinlich sieht er in echt aus wie ein deformierter Gnom.»

«Den nehmen wir nicht.» Saskia klickte die Mail weg und sperrte den Nutzer, sodass er ihr keine Nachrichten mehr schicken konnte.

«Wird denn heute noch gekocht?», kam es von der Tür, in der Nicole wie ein Racheengel stand. «Ich habe alles eingekauft und bin hungrig.»

«Dann koch du doch», sagte Julia leichtfertig. «Du arbeitest ja momentan noch nicht.»

Das war ein Fehler.

zweiundzwanzig

Nicole stürmte auf die beiden zu und begann sie anzubrüllen, und zwar in einer Lautstärke, dass sie sich die Ohren zuhielten.

«Was glaubt ihr, wer ihr seid? Was Besseres oder was? Glaubt ihr, ich bin hier die Putzfrau vom Dienst, nur weil ich noch einen Einstellungstest machen muss? Ich hatte einen extrem schweren Tag, man hat mir einfach Silikon in die Füße injiziert. Das ist das Allerletzte, wie ihr euch verhaltet, ich fasse es nicht, ihr seid so ekelhaft, und dass ich im Schornstein festgesteckt habe, interessiert auch niemanden wirklich, von dem versuchten Mord mal ganz abgesehen. Ihr seid ganz blöde, bekloppte, widerliche Ziegen, dass ihr das wisst!» Sie raste aus dem Raum, flitzte in die Küche, man hörte sie mit etwas herumhantieren, dann kam sie mit Plastiktüten zurück, während Julia und Saskia stocksteif dasaßen, und fing an, die beiden mit den Lebensmitteln zu bewerfen, die sich in den Tüten befanden.

«Hier und hier und hier!», brüllte sie dabei. «Ich! Bin! Nicht! Eure! Blöde! Putze!»

«Hör doch mal auf!», schrie Julia zurück. «Was haben wir dir denn eigentlich getan? Es ist doch gar nichts passiert!»

«Du kennst sie doch», sagte Saskia und zog eine Lauchzwiebel aus ihrem Haar. «Manchmal ist es nur der kleine Tropfen, der das Fass zum Überlaufen bringt.»

«Halt die Klappe!», schrie Nicole. «Wegen dir Nuss bin ich zu dieser Tante gegangen. Sonst wäre ich nie auf die Idee mit dem Silikon gekommen. Wer hat denn schon Silikon in den Füßen? Nur amerikanische Millionärsgattinen und ICH!»

«Silikon darf man nicht unterschätzen», ertönte Nellis Stimme. Sie stand an der halbgeöffneten Terrassentür und hatte offenbar alles mitbekommen. «Geht es um eine Brustvergrößerung? Da wäre ich vorsichtig. Wie bei jedem Eingriff birgt die Brustvergrößerung Risiken, zum Beispiel hinsichtlich der Narkose oder Wundheilung. Man kann auch eine Infektion bekommen. Das Silikon wird vom Körper als fremd erkannt und deshalb manchmal nach Jahren mit einer fibrösen Kapsel umspannt. Diese Kapselfibrose kann mit einem bestimmten Oberflächenmuster, also einer Textur des Kissens, günstig beeinflusst werden, stellt aber immer noch bei jeder siebten operierten Frau einen spürbaren Nachteil dar. Ich könnte eben nach oben gehen und eine wirklich informative Broschüre holen, und dann ...»

«Und du hältst jetzt auch die Klappe!», fuhr Nicole Nelli an. «Sonst hau ich dir eine runter.»

«Ich bin kein Kind, das sich schlagen lässt», sagte Nelli ruhig. «Ich handle nicht nach dem biblischen Grundsatz, dann auch meine andre Wange zum Schlag hinzuhalten. Ich setze mich zur Wehr. Ich darf an dieser Stelle mitteilen, dass ich einige der asiatischen Kampfsportarten fast bis zur Perfektion beherrsche. Braucht ihr Beweise?»

Alle schüttelten den Kopf.

«Ich wollte nur höflich sein und eine Broschüre holen», sagte Nelli und sah ein wenig traurig aus. «Und mich mit meinem Wissen einbringen.»

Aus welchen Gründen auch immer wurde nun auch Nicole ruhig.

«Entschuldigung», sagte sie in Nellis Richtung, und Nelli nickte gnädig wie eine Monarchin.

«Tut mir leid», sagte Nicole dann auch zu Saskia und Julia. «Das war gestern und heute alles ein bisschen viel für mich.»

«Was meinst du denn? Was war denn viel?», fragte Julia, und dann brüllte Nicole doch wieder los, dass selbst Nelli es vorzog, sich zu verkrümeln.

Den Rest des Abends verbrachte Nicole auf ihrem Zimmer und hörte laute dramatische Musik, woraufhin natürlich Herr Baumann anrückte, um sich zu beschweren und zu drohen, alle mundtot zu machen, mit einer Methode, die bombensicher sei.

Dann kam die Tote von gegenüber und bedankte sich für den Lärm, was keiner verstand und was sie zu der Erklärung veranlasste, sie würde doch tagsüber schlafen und abends und nachts wach sein, normalerweise würde man dann von den Nachbarn gar nichts mitkriegen, aber so wäre es perfekt. So sei es ja wie bei anderen Leuten tagsüber.

«Kein Problem», sagte Saskia, die nur zu gern weiter die Mails auf kein-single-mehr.de lesen würde, aber irgendwie nicht dazu kam, auch weil Julia ihr dauernd von diesem Sebastian erzählte. Wie sollte man so zu irgendetwas kommen?

«Also wenn ich Sebastian mit Marius vergleiche, furchtbar, sag ich dir. Sebastian ist ganz anders. Ein ganz feiner Kerl. Auch im Alltag.»

«Ähem, wenn ich mich recht erinnere, hast du ihn gestern erst kennengelernt», warf Saskia ein.

«Das spürt man, Püppi. Also, ich spüre das. Es ist was Besonderes. Da liegt etwas zwischen uns, das ist wundervoll. Wie so ein zartes Band.»

«Aha.»

«Ich meine, er hat mich dazu gebracht, dass ich mich nicht mehr vor Blut fürchte», erklärte Julia. «Jetzt liebe ich Blut. Genau gesagt lieben wir beide Blut. Blut ist unser Lebenselixier.»

«Und du bist dir sicher, dass du nicht an einen Perversen geraten bist oder an einen Gothic-Typen, der dich irgendwann gemeinsam mit einem Schwein für den Weltfrieden oder irgendeiner heiligen, überirdischen Macht opfern wird?» Saskia war immer noch skeptisch. Wir lieben Blut. Was war denn das für eine Aussage? Nicht dass sich Julia ohne es zu merken einer Gehirnwäsche unterzog, dieser Sebastian gar nicht so hieß, sondern Deadly Whisper, sich aus schwarzem Stoff Umhänge nähte und seine Augen mit einem Kajalstift schminkte. Und ehe Julia sich umgucken konnte, wäre sie seine Höllenfrau, müsste obskure Veranstaltungen besuchen und sich auf Mittelaltermärkten in Burgruinen herumtreiben. So weit durfte es auf keinen Fall kommen. Saskia würde das weiter beobachten.

«Ich freue mich für dich», sagte sie nun schon zum wiederholten Mal, und ihre Nerven flatterten nur ein ganz klein wenig, weil es nämlich schon wieder klingelte in diesem Irrenhaus.

«Machst du mal auf?», bat sie Julia, weil sie wenigstens noch eine einzige Kontaktantwort durchlesen wollte.

«Ruf mich, wenn mein Handy piept.» Julia stand bereitwillig auf und verließ das Wohnzimmer.

«Du fährst ja nicht nach Zwickau», murmelte Saskia vor sich hin. Morgen müsste sie wieder zu Mandy Rübli, die vorhin nochmal angerufen und sich erholt hatte. Mandy wollte jetzt auch Quarktaschen in Form von Brüsten. Saskia musste ihr das unter allen Umständen ausreden. Olli drehte durch, wenn er Brüste sah. Er hatte Angst vor ihnen, weil er immer das Gefühl hatte, sie würden ihn warum auch immer bedrohen.

Jetzt klingelte auch noch das Telefon. Weil Nicole ja schmollte, würde sie bestimmt nicht rangehen. Herrje, und zum Bezirksamt musste sie auch noch. Wann sollte sie das denn alles machen? Außerdem bekam sie auch langsam Hunger. Sie würde Julia gleich sagen, dass sie kochen sollte, falls man die von Nicole durchs Zimmer geworfenen Lebensmittel noch verwenden konnte.

Saskia stand auf und suchte das Telefon. Dabei hörte sie, dass Julia an der Tür mit jemandem diskutierte. Was war denn jetzt schon wieder?

Da war das Telefon.

«Hallo?»

«Mäuschen, bist du das?»

«Mampfel?»

«Ja, ja, ja. Du, ich mach es kurz, ich muss gleich weg. Ich hab einen Mann kennengelernt, ich wollte dir das nur schnell sagen.»

«Ach!» Saskia war gespannt. «Wer ist es? Wo hast du ihn kennengelernt?»

«Er hat mich angefahren. Zum Glück», erzählte Angelika Pupp selig.

«Ach», sagte Saskia wieder. «Wie ist denn das passiert?»

«Na, beim Über-die-Straße-Gehen. Ich erzähl dir alles morgen. Er ist wundervoll. Ein ganz lieber, lieber Mann. Er heißt Daniel. Also, bis dann, ich muss los.»

Daniel?

«Warte mal!» Saskia brüllte es fast. «Hat er einen offenen Kamin? Und eine Katze? Fährt er im Sommer gern spontan nach Oklahoma?»

«Das weiß ich nicht», sagte Angelika Pupp. «Also wirklich, du stellst Fragen. Bis morgen.» Sie legte auf.

Saskia war außer sich vor Sorge. Natürlich gab es Tausende von Daniels in Hamburg, aber sie hatte ein ungutes Gefühl. Am liebsten wäre sie dahin gegangen, wo ihre Mutter jetzt hinging, aber sie wusste ja nicht, wo sie sich mit diesem Daniel traf. Der hieß bestimmt auch gar nicht Daniel, sondern Wolfgang oder Siegbert. Hm.

Die Diskussion im Flur wurde lauter.

«Das ist wirklich sehr lieb von Ihnen», hörte sie Julias Stimme. «Aber wir haben überhaupt keinen Bezug zu so was Lebendigem. Und keine von uns hat Haustiere.»

«Bitte!», hörte Saskia jemanden flehen. «Nur dieses eine Mal. Sobald es geht, hole ich sie wieder ab. Was hätte ich denn machen sollen? Sie haben mir so leidgetan.»

Im nächsten Augenblick lief Saskia ein Tier zwischen die Beine, und sie bekam einen Schreck.

«Gut, dass du da bist», sagte Julia erleichtert. «Das ist Benno von oben.»

«Hallo. Wie ich mich freue.» Benno hielt Saskia die Hand hin, die sie ergriff und schüttelte.

«Und wer ist das?» Sie deutete auf die sechs Tiere, die vor Bennos Füßen lagen.

«Das sind Frischlinge», sagte Benno. «Sie sind sehr lieb. Sie wurden erst kürzlich geworfen, ist das nicht schön?»

«Das ist herrlich», antwortete Saskia höflich. «Aber was wollen diese Frischlinge hier?»

«Sie brauchen eine Wohnung», sagte Benno ernst. «Bei mir können sie nicht bleiben. Ich habe ja schon die Fische und so.»

Saskia wollte gar nicht wissen, was *und so* im Einzelnen bedeutete.

Benno überlegte und suchte fieberhaft nach weiteren Argumenten. «Irgendwann muss ich auch mal arbeiten», kam es dann, und Benno nahm eine Rechtfertigungshaltung ein. «Ich bin nämlich Texter. Für Musik. Also, ich mache die Texte für Musikstücke. Genau gesagt bin ich Songwriter. Ich brauche Ruhe für meinen Job. Aber die Kleinen toben den ganzen Tag durch die Gegend. Ich hab sie ja erst seit heute Morgen, aber trotzdem. Wie soll man sich denn da konzentrieren?»

«Hier ist kein Platz für kleine Wildschweine», sagte Saskia mit fester Stimme. In ihrem Zimmer drehte Nicole die Musik noch lauter. Man konnte kaum sein eigenes Wort verstehen. Gleich würde wieder Herr Baumann auf der Matte stehen und sie bedrohen.

«Mein Freund, also mein Lebensgefährte und Mitbewohner, er heißt Heinz», jetzt versuchte es Benno auf diese Tour, wobei Saskia sich fragte, welchem Genre man diese Tour zuordnen konnte. «Ein schöner Name, oder?»

«Sehr schön.»

«Heinz ist viel unterwegs, aber er kommt morgen

früh nach Hause. Heinz ist im Außendienst», sagte Benno. «Wenn er die Frischlinge sieht, bin ich erledigt.»

«Wo haben Sie die denn überhaupt her? Man kann doch nirgendwo Frischlinge kaufen?»

«Ein Drama», erzählte Benno. «Warum auch immer habe ich unter anderem einen Hang zu Internetauktionshäusern. Und ich bin bei ziemlich vielen angemeldet, man kann ja immer mal ein Schnäppchen gebrauchen, nicht wahr? Und da hat doch tatsächlich ein Jäger diese Tiere angeboten. Also eigentlich wollte er sie gar nicht an einen Privatmann abgeben, sondern an eine Schlachterei. Ja, hätte ich es denn zulassen sollen, dass diese unschuldigen Wesen durch das scharfe Messer eines groben Fleischermeisters sterben?»

Die unschuldigen Wesen pinkelten gerade auf den Dielenboden.

Saskias Nerven flatterten immer stärker.

«Süß sind sie ja», sagte Julia, die eine Sekunde später grob von ihrer Mitbewohnerin zur Seite geschoben wurde. Das fehlte noch, dass diese Viecher hierblieben.

«Oh», machte Benno und sah Saskia mit glänzenden Augen an. «Dein güld'nes Haar ist eine Wonne, glänzt heller als die Sonne …»

«Aha», sagte Saskia. «Und wie geht es weiter?»

«Ja, das weiß ich jetzt auch nicht. Was reimt sich auf Sonne? Tonne. Nonne. Mehr gibt es wohl nicht. Außer Wonne natürlich.»

«Sie sind sicher in sehr erfolgreich Ihrem Beruf.»

«Es geht», sagte Benno und bückte sich, um einen der Frischlinge zu streicheln.

«Die Kleinen sind so durcheinander. Es ist nicht zum Aushalten. Und sie brauchen Milch.»

‹Ich brauche ein Beruhigungsmittel›, dachte Saskia,

während sich ein weiteres kleines Wildschwein selbständig machte und durch die Wohnung raste. Auf dem Holzboden befanden sich nun einige Kratzer.

«Ich geh die beiden Schweinchen mal suchen», kicherte Julia und verließ Benno und Saskia.

«Hören Sie, Benno von oben. Wir können hier echt keine Schweine gebrauchen. Wir sind alle den ganzen Tag nicht zu Hause. Das geht einfach nicht.»

«Ich kann doch ab und zu runtergehen und nach ihnen schauen», bettelte Benno, aber Saskia zwang sich, standhaft zu bleiben.

«Nein. Außerdem steht in unserem Mietvertrag, dass wir keine Haustiere halten dürfen.»

«Wildschweine sind doch gar keine Haustiere», sagte Benno stolz, weil er hoffte, so die Kurve zu kriegen, und Saskia schloss verzweifelt die Augen. Sie öffnete sie wieder, als ein markerschütternder Schrei aus dem Wohnzimmer erklang. Es war Julia. Wenn diese Wildschweine jetzt was kaputt gemacht hatten, würde Saskia selbst zum bösen Fleischermeister werden.

Sie rannte rüber. Benno folgte ihr.

Julia stand vor dem aufgeklappten Laptop und deutete fassungslos auf den Bildschirm.

«Aaaaaah!», schrie sie dann wieder. «Aaaaaah!»

«Julia!»

«Nimmt sie Gesangsunterricht?», erkundigte sich Benno interessiert.

«Tun Sie mir bitte einen Gefallen und halten Sie den Mund», herrschte Saskia, deren Nerven jetzt nicht mehr flatterten, sondern blanklagen, ihn an.

«Aaaaaah!», machte Julia wieder. «Hiiiilfe!» Sie kniete nun vor dem Laptop und versuchte, mit der Maus an eine bestimmte Stelle zu kommen.

«Sagt mal, habt ihr eigentlich einen Vollschlag?» Das war Nicole. «Dein Gekreische ist lauter als meine Musik.» Sie hatte recht. «Und gekocht hast du auch noch nicht.»

«Ist das furchtbar!», rief Julia und deutete auf die geöffnete Seite. «Seht doch selbst.»

«Da ist ein junger Mann», sagte Saskia verständnislos.

«Ja, richtig. Ein junger Mann. Einer, der auf die Kontaktanzeige deiner Mutter geantwortet hat.»

«Ja und? Lass ihn doch jung sein.»

«Kapierst du denn gar nichts? Das ist nicht irgendein Mann. Das ist *mein* Sebastian!»

dreiundzwanzig

«Warum passiert immer mir so etwas, warum gerate ich an solche miesen Kerle?», lautete Julias Standardfrage.

«Ich weiß es nicht», antwortete Saskia dauernd.

Sogar Nicole war nicht mehr sauer, sondern tröstete die Freundin, und Benno von oben nahm das Ganze dermaßen mit, dass er gar nicht mehr gehen wollte und mit den Frischlingen bei ihnen blieb. Die Frischlinge waren antiautoritär erzogen und machten, was sie wollten.

«Ach, es sind doch noch Kinder», sagte Benno andauernd gütig.

Irgendwann gingen sie in die Küche, und Nicole erklärte großmütig, sie würde nun kochen, obwohl ja eigentlich Julia damit an der Reihe wäre, aber die sei ja momentan zu nichts zu gebrauchen.

Und dann stand Nicole da und starrte auf die von ihr eingekauften Sachen.

«Was ist?», fragte Saskia, die mit Benno und Julia am Tisch saß und ihr ohne Unterbrechungen Papiertaschentücher reichte.

«Tja», sagte Nicole langsam. «Es ist so … also, ich kann gar nicht kochen. Kann jemand von euch kochen?»

«Du wirst ja wohl irgendwas hinkriegen.» Saskia war mittlerweile nur noch ein Nervenbündel. Ihr war alles zu viel, und nicht nur einmal wünschte sie sich, niemals von zu Hause ausgezogen zu sein.

«Was macht man damit?» Nicole hielt eine Möhre hoch.

«Oh, das ist eine Karotte», sagte Benno fröhlich, der heute gar keine orangefarbenen Sachen trug, sondern giftgrüne. «Damit kann man wundervolle Gerichte zaubern. Und Karotten sind sehr gesund.»

«Aha», sagte Nicole.

«Du hast den Kram doch gekauft.» Saskia wagte es, Julia kurz allein zu lassen, und stellte sich neben Nicole an die Arbeitsplatte.

«Schon», sagte die. «Aber ich bin ja eigentlich gar nicht dran mit Kochen. Ich hab noch nie selbst gekocht außer Tiefkühllasagne, und das hab ich auch immer heimlich gemacht, wenn meine Eltern mal ausnahmsweise nicht da waren. Du weißt doch, wie sie sind. In Tiefkühlgerichten steckt der Teufel.»

«Herrje», sagte Saskia. «Ich kann auch nicht wirklich kochen. Also, Frage an alle: Wie kocht man keine Fertiggerichte?»

«Ich kann sowieso nichts essen», klagte Julia. «Nie wieder. Ich werde schon bald so dünn sein, dass ihr versehentlich auf mich treten werdet oder mich in die Mülltonne stopft, weil ihr denkt, ich sei Abfall.»

«So weit wird es schon nicht kommen», sagte Saskia kategorisch.

Benno stand auf. «Ich werde kochen», sagte er. «Das ist meine Leidenschaft. Da ist ja Hackfleisch. Ach, und Frühlingszwiebeln. Lecker. Sogar an Käse zum Überbacken hast du gedacht.» Er überlegte kurz und sah die drei dann an. «Wir sagen doch du, oder? Immerhin sind wir ja jetzt eine Familie.»

«Äh», machte Saskia. Eine Familie?

«Ja, ja», sagte sie dann, und Benno begann pfeifend, sich ans Werk zu machen.

«Danke», sagte Nicole.

Die Frischlinge waren zwischenzeitlich müde und lagen im Wohnzimmer auf dem Sofa.

Saskia dachte kurz darüber nach, einen Kochkurs zu belegen. Das ging doch nicht, dass sie hier zwar in einer eigenen Wohnung saßen, es aber nicht fertigbrachten, selbst etwas zusammenzuschmurgeln. Soweit sie wusste, war auch Kim nicht gerade das, was man eine begnadete Köchin nannte. Die hatte es mal geschafft, Fischstäbchen so zu braten, dass beinahe die ganze Wohnung abbrannte, weil sie das Fett in der Pfanne zu heiß hatte werden lassen.

Saskia würde das zu gegebener Zeit mit den anderen besprechen, und dann sah man weiter. Jetzt müsste sie hier erst mal halbwegs für Ordnung sorgen.

«Bist du dir sicher, dass es dieser Sebastian ist?», fragte Nicole Julia, die nun keine Tränen mehr hatte, sondern nur hin und wieder leise aufschluchzte.

«Natürlich ist er es», sagte Julia traurig. «Ich hab's mir mehrfach durchgelesen. Und mir die Fotos angeschaut. Die Hobbys stimmen auch. Er hat mir erzählt, dass er gern mit dem Mountainbike fährt und sich für alte Traktoren interessiert. Aber am schlimmsten finde ich, dass da steht, er würde auf reife Frauen stehen. Das ist so gemein. Wieso will er sich dann mit mir treffen und hat zu mir gesagt, so einer wie mir sei er noch nie begegnet?»

Das wusste Nicole auch nicht.

Julias Handy klingelte. Panisch zog sie es aus ihrer Hosentasche.

«Das ist er, das ist er!», schrie sie dann so laut, dass Benno die Plastiktüte mit dem Hackfleisch beinahe fallen ließ.

«Was soll ich denn jetzt machen?»

«Geh ran und sag ihm, dass er ein … Lügner ist und dass du nichts mehr mit ihm zu tun haben willst», befahl Saskia ihr streng.

«Das traue ich mich nicht. Dann will er mich bestimmt in ein längeres Gespräch verwickeln, und dazu habe ich jetzt einfach nicht die Kraft.»

«Soll ich rangehen und es ihm sagen?», bot Nicole ihr an.

«Nein, wie sieht das denn aus? Dann denkt er, ich würde mich nicht trauen und sei feige.»

Das Handy klingelte und klingelte.

«Hast du keine Mailbox?», fragte Saskia irgendwann genervt.

«Nein, die hab ich ausgeschaltet. Das Abhören ist mir zu teuer. Ich brauche ja jetzt mehr Geld wegen der Miete und so.»

«Die Frischlinge wachen noch auf», sagte Benno. «Schalte das Ding doch einfach ab.»

«Wie sieht das denn aus?», fragte Julia wieder. «Als ob ich nicht erreichbar sein will.»

«Willst du doch auch nicht.» Saskia war müde und hungrig. «Und dieser Klingelton ist grauenhaft.»

«Das ist Amy MacDonald mit *This is the Life*», sagte Julia. «Unser Lied.»

«Ihr habt schon ein Lied?»

«Ja, natürlich. Wir gehören zusammen. Das hat Sebastian gesagt.»

«Offenbar gehört nicht nur ihr zusammen, wenn ich an kein-single-mehr.de denke.»

Das Handy hörte nicht auf zu klingeln. Es war wie Folter.

«Jetzt reicht es.» Benno kam, nahm ungefragt das Telefon, und während Julia aufsprang und «Nein!» rief, ging er schon dran und sagte: «Hör gut zu, Jungchen. Du lässt meine Freundin ab sofort in Ruhe, sonst blas ich dir das Hirn aus dem Schädel!»

Dann schwieg er, man hörte Sebastian etwas sagen, dann war Benno wieder am Zug: «Halt die Klappe. Du hast überhaupt nichts zu melden, sonst kannst du die Radieschen von unten wachsen sehen. Du kannst ja bei anderen im Internet dein Glück suchen.» Nun wurde er theatralisch. «Und dir Profile bei Partnervermittlungsagenturen erstellen! Aber lass Julia in Ruhe! Sie hat alles herausgefunden!» Und er drückte den roten Knopf, dann schaltete er das Handy aus. «Das wäre erledigt», sagte er stolz. «Der wird dich nicht mehr belästigen.»

«Danke», sagte Saskia und meinte es auch so.

«In zehn Minuten können wir essen.» Benno schob eine Auflaufform in den Backofen. Die Spülmaschine hatte er auch repariert beziehungsweise den Wasserzulauf aufgedreht. Jeder Klempner hätte sich schlapp gelacht.

Es klingelte, diesmal wieder an der Tür.

‹Nein, nein, nein›, dachte Saskia.

Es war Nelli. «Hallo. Oh, das riecht aber gut hier. Hackauflauf mit Möhren, Kartoffeln und Frühlingszwiebeln, stimmt's? Ich habe einen sehr ausgeprägten Geruchssinn, auch olfaktorischer Sinn genannt. Aber deswegen bin ich nicht hier. Kann es sein, dass in unserem Garten Wildschweine toben?»

«Die schlafen doch, die kleinen Kerlchen», sagte Benno verwirrt und kratzte sich am Kopf.

«Eben nicht», sagte Nelli. «Wenn ihr mir bitte folgen wollt.» Sie ging ins Wohnzimmer und deutete durch die Scheibe nach draußen. «Und ich weiß, was schlafen ist. Hansi schläft nämlich meistens.»

Fassungslos starrten sie in den Garten. Die Frischlinge waren in ihrem Element und hatten ihn komplett umgegraben. Einige der Rosensträucher waren in Mitleidenschaft gezogen worden und einzelne Zweige abgeknickt.

«O nein», sagte Saskia. «O nein.»

«Das tut dem Rasen vielleicht sogar ganz gut», versuchte Benno sich rauszureden. «Der braucht das bestimmt hin und wieder mal. Und so habt ihr euch eine Menge Arbeit erspart. Essen ist fertig!» Er lachte verzweifelt auf.

«Benno», sagte Saskia und bemühte sich, nicht auf ihn loszugehen. «Noch ein Wort, und ich blas dir das Hirn aus dem Schädel.»

vierundzwanzig

Es war Donnerstag und somit Nicoles großer Tag. Um zehn Uhr musste sie in der Polizeischule sein, die sich zwischen Winterhude und Alsterdorf befand. Sie saß alleine am Küchentisch. Julia schlief noch. Sie hatte sich bei Doktor Würfel krankgemeldet und ihr Handy immer noch nicht wieder angeschaltet. Sebastian war ein paarmal da gewesen und wollte sie sprechen, wurde aber von den Mitbewohnerinnen böse abgekanzelt.

Kim, die abends mit Jupp van der Knatter unterwegs gewesen war, war spät nach Hause gekommen und nicht ansprechbar gewesen, weil Jupp sie, so sagte sie es zumindest, zu einem anderen Menschen gemacht hätte. Unter anderem wusste sie jetzt, wie schädlich Autoabgase waren, und würde, sollte sie sich irgendwann ein eigenes Auto kaufen, auf alle Fälle eins nehmen, das mit Biodiesel betrieben wurde. Und Fleisch würde sie auch nicht mehr essen, sondern nur noch Obst und Gemüse von Bauern, die sie persönlich kannte. Nelli fand das bestimmt gut.

Saskia und Benno hatten die Wildschweine nach Stunden einfangen und in den Heizungskeller verfrachten können, wo sie nun herumtoben konnten, so viel sie wollten. Dann war Saskia mit Benno zu einem Baumarkt gefahren und hatte Rollrasen besorgt. Glücklicherweise bekam das Herr Baumann nicht mit, sonst hätte er sie beim Professor mit Sicherheit verpetzt.

Saskia war wieder mal bei Mandy Rübli, und abends war sie mit ihrer Mutter verabredet, die sich nun schon zweimal mit diesem obskuren Daniel getroffen hatte und ihr ausführlich davon berichten wollte. Wenn Saskia irgendetwas komisch vorkäme, wollte sie alles daransetzen, ihn der Mutter auszureden. Aber einen Ersatz konnte sie auch nicht bieten. Die Antworten auf die Kontaktanzeige im Internet hatten nichts gebracht außer der Feststellung, dass Julias Sebastian ein mieser Kerl war.

Um Viertel nach neun stand Nicole auf und streckte sich. Ihre Füße fühlten sich gut an, sie war groß genug, und es konnte losgehen. Sie sah sich in der Küche um. Wenn sie die wiedersehen würde, war ihre Zukunft entschieden!

Saskia saß bei Frau Rübli und wusste nicht, was sie sagen sollte.

«Ich glaube, der Scheißer hat eine andere.» Mit diesen Worten hatte Mandy sie begrüßt.

Nun hockte Mandy da und trank Schnaps, weil das das Einzige war, das sie vom Selbstmord abhielt.

«Wie kommen Sie denn darauf?», fragte Saskia. «Ich meine, Sie wollen doch nochmal heiraten. Er hat Ihnen doch auf Knien einen Antrag gemacht.» So hatte es Mandy ihr zumindest bei ihrem letzten Besuch erzählt.

«Ich hab gelogen», schniefte Mandy. «Ich hab ihn sozusagen erpresst.»

«Was?»

Mandy kippte noch einen Kurzen. «Ich hab ihm gesagt, ich sei schwanger», sagte sie, während sich ihre Wimperntusche auflöste und ein schwarzes Rinnsal über die geschminkten Wangen lief.

«Ah, verstehe. Und jetzt sind Sie gar nicht schwanger?»

«Doch, natürlich bin ich schwanger. Wie kommen Sie denn darauf, dass es nicht so sein könnte?»

«Weil Sie gelogen haben. Ich dachte, in Bezug auf die Schwangerschaft.»

«Ach Quatsch. Aber das Kind ist nicht von ihm.»

«Oh.» Saskia hob eine Augenbraue. «Und das weiß er.»

«Der Scheißer hat sich wohl hingesetzt und nachgerechnet», klagte Mandy herum. «Und ist zu dem Schluss gekommen, dass das Kind gar nicht von ihm sein kann, weil ich zu dem Zeitpunkt nämlich gar nicht hier war, sondern in unserem Chalet in der Schweiz. In Pontresina. Ist schön da, echt. Da sollten Sie mal hinfahren. Das Käsefondue in der Schweiz ist sehr lecker. Das wird da mit Käse gemacht.»

«Aber konnten Sie ihn denn nicht überzeugen, dass er doch der Vater ist?» Saskia wollte jetzt nichts über Käsefondue hören. Sie wollte, das alles gut war.

Mandy knallte die Schnapsflasche auf den Tisch. «Wie denn? Er ist ja nicht der Vater. Da hat er schon recht. Der Vater heißt Ezanachi und kommt aus Afrika.»

«Dann wäre es doch spätestens nach der Geburt des Kindes sowieso rausgekommen.»

«Wieso?»

Saskia seufzte. «Dieser Ezanachi ist doch bestimmt ein Schwarzer.»

«Ja, natürlich.»

«Dann wird das Kind doch ein Mulatte.»

«Mulatte?»

«Wenn Menschen mit weißer und schwarzer Haut ein gemeinsames Kind bekommen, ist das ein Mulatte. Es hat eine hellbraune Haut. So ähnlich wie … Milchkaffee.» Milchkaffee würde Mandy ja wohl kennen.

«Oh …», machte Mandy. «Das ist ja blöd. Jedenfalls habe ich dem Scheißer erzählt, dass ich schwanger bin und er ja wohl nicht will, dass das Kind unehelich zur Welt kommt. Was die Gesellschaft da sagen würde. Ich habe zum Scheißer gesagt, dass ich dann überall rumlaufen und erzählen würde, wie alleine ich bin und wie unglücklich, das würde ja keinen guten Eindruck machen. Deswegen hat der Scheißer einer erneuten Hochzeit zugestimmt.» Sie bemühte sich nachzudenken, was ganz offenbar schwierig war, denn es dauerte recht lange, bis sie wieder anfing zu sprechen. «Jedenfalls verlangt der Scheißer jetzt einen Vaterschaftstest. Und er will die Hochzeit abblasen, weil er sicher ist, dass ich ihn hinters Licht geführt habe. Der schöne Kuchen! Und die Klorollen-Eclairs! Ich hatte mich doch so gefreut.»

Olli würde sich auch freuen, wenn der Auftrag rückgängig gemacht wurde. Das ganze schöne Geld!

«Das ist so gemein», weinte Mandy. «Er ist rücksichtslos. Ich bin schwanger, und er hat schon eine andere. Das ist doch nicht richtig.»

Dem konnte Saskia nicht ganz folgen, verzichtete aber auf weitere Ausführungen, was Moral betraf.

«Was ist denn mit dem Kindsvater?», fragte sie stattdessen.

«Ezanachi ist jetzt auf einem Kreuzfahrtschiff», erzählte Mandy betrübt. «Er war Koch in Pontresina. Aber nur für die Saison. Keine Ahnung, wo er gerade herumschippert. Jedenfalls weiß er gar nichts von seinem Glück. Das ist auch so gemein, diese ganze Geschichte ist so fies. Mir haben alle erzählt, Ezanachi sei schwul. Da dachte ich, es kann gar nichts passieren, wenn ich mit ihm schlafe. Und jetzt das! Das ist doch alles nicht richtig.»

Saskia seufzte. Mandy war wirklich unglaublich.

Um sieben traf sie sich mit ihrer Mutter. Angelika war aufgeregt und ganz rot im Gesicht.

«Komm rein, komm rein», sagte sie und zog Saskia

in die Wohnung. Sie setzten sich wie immer aufs Sofa. Für Saskia war das irgendwie komisch. Zwar war sie erst vor ein paar Tagen von zu Hause ausgezogen, aber es war dermaßen viel passiert, dass sie das Gefühl hatte, es seien schon Wochen oder Monate vergangen.

Angelika Pupp rannte in die Küche und kam mit einer Sektflasche zurück.

«Wir müssen doch anstoßen», sagte sie rotwangig und erregt.

«Auf was denn?»

«Na, auf mein Glück! Schätzchen, du kannst dir gar nicht vorstellen, wie er ist ...»

«Daniel?»

«Ja, genau.»

«Mampfel, bitte sei vorsichtig. Nicht dass das ein Heiratsschwindler ist oder so, der dich ausbeuten will.»

«Was gibt es denn bei mir schon groß zu holen?», fragte Angelika und lachte. Damit hatte sie recht. Reich waren sie nie gewesen, und als Sekretärin in einem Reisebüro verdiente Angelika nun wirklich nicht so viel, dass sie einem Mann den Himmel auf Erden hätte bieten können.

Saskia beobachtete ihre Mutter. So jung und so glücklich hatte sie schon lange nicht mehr ausgesehen.

«Freu dich doch mit mir», bat Angelika sie, und Saskia nickte.

«Jetzt erzähl mal», sagte sie dann.

Angelika hob ihre linke Hand, an der ein geschmackvoller Ring mit dezenten Steinen funkelte.

«Oh», sagte Saskia. «Was hat das zu bedeuten?»

«Ich bin verlobt.» Angelika war völlig außer sich.

«Das ging aber ... schnell.» Saskia rechnete nach. Eigentlich waren es nur Stunden, die sie sich kannten.

«Er ist der Richtige, ich weiß es einfach. Und er hat schlimme Enttäuschungen hinter sich. Aber nun wird alles gut. Wir werden ein glückliches Leben führen. Das Witzige ist, dass er mir erst nicht seinen richtigen Namen gesagt hat», erzählte Angelika, und Saskia war schon wieder in Habtachtstellung. «Er hat ihn mir erst gestern gesagt, weil er sichergehen wollte, dass ich wirklich ihn liebe und nicht sein vieles Geld. Er ist Millionär, Schätzchen. Aber das ist mir ganz egal. Und wenn er Brötchen austragen würde, ich liebe ihn!» Sie beugte sich zu ihrer Tochter hinüber. «Er ist stadtbekannt. Würde ich hin und wieder die Klatschpresse lesen, hätte ich ihn bestimmt erkannt.» Nun richtete sie sich auf. «Er heißt mit echtem Namen Matteo. Matteo Rübli!»

Nicole stand vor der Schule und konnte nicht klar denken. Sie würde nie wieder klar denken können, so viel stand fest. Vorsichtig lief sie ein paar Schritte, blieb dann wieder stehen, lief dann wieder weiter.

Das war alles nicht wahr! Das konnte nicht wahr sein!

Nicole hielt sich an einem Baum fest. Ein Passant kam ihr entgegen, es war ein junger Mann, der hilfsbereit stehen blieb. «Kann ich Ihnen helfen?», fragte er fürsorglich.

«Nein», sagte Nicole. «Mir kann keiner mehr helfen.»

Und dann kippte sie um.

Es war Donnerstagabend, acht Uhr.

Die Wildschweine waren mit Milch gefüttert worden, und Benno hockte mal wieder bei Julia, um sie zu trösten. Gott sei Dank hatte Heinz irgendwann angerufen und gemeint, er würde ein paar Tage länger fortbleiben, so konnte Benno sich noch eine Geschichte bezüglich der Frischlinge ausdenken. Aber erst mal waren sie ja im Keller gut aufgehoben.

Der Rollrasen war vom Boden gut angenommen worden, niemandem war weiter aufgefallen, dass die Wiese jetzt viel grüner war als vorher.

Kim kam nach Hause und betrat das Wohnzimmer, in dem Julia wie üblich lag und vor sich hin vegetierte, von Benno umsorgt, der ihr soeben eine Brühe zubereitet hatte. Benno hatte sich in der kurzen Zeit schon so in die Gemeinschaft eingefügt, dass er niemandem mehr auffiel. Während er kochte oder putzte («Das mach ich alles so gern!»), komponierte er neue Songtexte und behauptete, dass er nur hier unten in dieser Wohnung kreativ sein könnte. Er hatte auch eine Marktlücke im Musikbereich entdeckt und textete nun Stücke, in denen es ausschließlich um chaotische Verhältnisse in einer Mädels-WG ging.

«Das wird einschlagen wie eine Bombe. So was war noch nie da», freute er sich, und warum auch immer wurde diese Idee in der Tat von einigen Produzenten als gar nicht so abwegig eingestuft.

«Julia», fragte Kim vorsichtig. «Ist es okay, wenn ich gegen die Abmachung verstoße?»

«Welche Abmachung?»

«Die Keine-Männer-Abmachung. Jupp ist da.»

«Ach», sagte Julia matt. «Ist mir egal. Soll er doch da sein. Ist doch schön für dich. Wenigstens du hast einen Mann. Ich nicht. Ich werde nie mehr einen haben. Sammelt schon mal für meine Grabstelle. Mein Herz wird es nicht mehr lange machen.»

«Du hast doch mich», sagte Benno und deckte sie zu,

obwohl es draußen total warm war. «Nimm noch einen Schluck Brühe, mein Kind.»

«Ja.» Julia nahm gehorsam die Tasse und schlürfte, während Kim mit Jupp in ihrem Zimmer verschwand.

«Eigentlich ist ein Leben ohne Mann gar nicht so schlecht», sinnierte Julia vor sich hin. «Man hat keinen Ärger und kann tun, was man möchte.»

Benno nickte. «Sicher. Komm, noch einen Schluck Brühe.»

«Ja.» Sie pustete in die Tasse. «Und ab einem gewissen Alter ist es einem doch sowieso gleichgültig. In diesem Alter bin ich jetzt.»

«Klar», sagte Benno und streichelte ihr übers Haar.

«Ich bin eine alte Frau», sagte Julia bitter. «Siehst du schon graue Haare?»

«Noch nicht», sagte Benno und lächelte. «Aber verlass dich drauf, die werden kommen.»

«Danke, Benno. Du bist ein wahrer Freund.»

«Ich weiß. Wir machen uns einen gemütlichen Abend. Ist das nicht eine herrliche Ruhe gerade?»

«Ja, das ist schön.» Julia nickte. «Als wären wir alleine auf der Welt. Lass uns die Ruhe genießen.»

In diesem Moment donnerte jemand mit den Fäusten gegen die Terrassentür. Julia schoss erschrocken hoch, und auch Benno sprang auf.

Draußen stand Sebastian und war am Ausrasten. Neben ihm stand Nelli, die ihn anfeuerte. Hansi war auch da.

«Himmel, hilf!», rief Benno. «Wer ist das?»

«Das ist Sebastian», sagte Julia verwirrt.

«Der *böse* Sebastian?», vergewisserte sich Benno kampfeslustig und krempelte vorsorglich schon mal die Ärmel seines Hemdes nach oben.

«Genau der. Nelli muss ihm die Gartentür aufgeschlossen haben. Dieses Biest. Er soll gehen!»

«Mach auf!», brüllte Sebastian. «Mach auf! Ich will mit dir reden!»

«Ja, mach auf! Es ist total wichtig!», rief nun auch Nelli. Selbst Hansi, der ausnahmsweise mal nicht schlief, bellte. Wahrscheinlich war das alles zu viel für ihn.

«Nur über meine Leiche», sagte Julia zu Benno.

«Verschwinde. Hau ab!», schrie Benno, aber Sebastian bummerte weiter gegen die Scheibe. Hinter ihm tauchten plötzlich noch drei weitere Gestalten auf. Julia bekam Angst. Hatte er eine ganze Horde mitgebracht, die nun kämpfen wollte?

«Es war alles ein Missverständnis!», schrie Sebastian, der nun total wütend war. «Bitte!», rief er dann ein klein wenig leiser. Die drei jungen Männer hinter ihm sahen schuldbewusst aus.

«Warte mal», sagte Julia und hielt Benno, der schon fast mit den Hufen scharrte, am Arm fest.

Dann ging sie zur Terrassentür und öffnete sie.

«Julia!», rief Sebastian. «Das sind Lutz, Tom und Andreas. Und die wollen dir jetzt was sagen.»

«Ja, äh», sagte Lutz und wurde rot. «Wir haben, glaube ich, Scheiße gebaut.»

«Inwiefern?», wollte Benno, der in seiner Beschützerrolle aufging, streng wissen.

«Im Internet. Bei kein-single-mehr.de. Es war echt nicht böse gemeint, wir hatten ein paar Bier getrunken, und so, na ja, kamen wir auf die Idee, für Sebastian ein Suchprofil zu erstellen.»

«Ja», sagte Tom. «Nur aus Scheiß. Wir haben uns totgelacht, als wir die Antworten gelesen haben, und sind auch selbst aktiv geworden bei verschiedenen Single-

Frauen. Das war relativ dumm von uns. Wir wussten ja nicht, dass Julia das sehen könnte.»

«Was machst du überhaupt bei einer Partnervermittlung?», fragte Sebastian.

«Das war nicht ich, das war für die Mutter meiner Freundin», sagte Julia.

«Ach, zum Glück.» Sebastian sah erleichtert aus. «Und ich dachte schon ... na ja, jedenfalls wollte ich das aufklären.»

«Wir möchten uns entschuldigen», sagten die drei Mitbringsel im Chor. «Sebastian war da nie selbst auf der Suche. Das waren alles wir.»

«Alles ihr ...», wiederholte Julia, der ganz plötzlich ein Riesenstein vom Herzen fiel.

Nelli mischte sich ein. «Jeder verdient die Chance, etwas zu seiner Verteidigung vorzubringen. Deswegen habe ich sie reingelassen.»

«Ich will gar niemanden suchen, ich hab dich doch schon gefunden», sagte Sebastian, und dann fing Julia wieder an zu flennen.

Benno war zur Tankstelle gelaufen und hatte Bier und Sekt besorgt, und nun saßen sie da.

Julia und Sebastian saßen nebeneinander wie zwei Gestrandete, die sich mit letzter Kraft auf eine Insel hatten retten können, und Kim und Jupp wollten die ganze Geschichte hören.

«So haben wir einen guten Aufmacher für unsere Sendung», sagten sie. «Irrungen und Wirrungen. Das Konzept ist nämlich erweitert worden. Jetzt geht es rund ums Thema Beziehungen, und da passt das super rein, wegen Missverständnis und so. Vielleicht könnt ihr unsere Studiogäste sein.»

«Klar.» Julia nickte. Ihr war alles recht. Außerdem fiel ihr auf, wie sehr Kim sich verändert hatte. Sie war irgendwie reifer geworden und schien auch nicht mehr die ganze Zeit von irgendwelchen Märchenprinzen zu träumen. Na ja, vielleicht lag das an Jupp.

Und da kam Saskia, die ihre Mutter im Schlepptau hatte. Und während sie sich setzten, klingelte Angelika Pupps Handy.

«Ich habe es ohne euch nicht mehr ausgehalten», sagte Saskia und schaute in die Runde. «Und was ist hier bitte los?»

«Wir haben die Keine-Männer-Abmachung für heute auf Eis gelegt», wurde sie von Kim belehrt. «Man nennt den heutigen Tag auch *Ausnahmezustand*.»

«Ein Ausnahmezustand ist …», begann Nelli.

«Halt die Klappe!», riefen alle.

«Oh, Sekt.» Saskias Mutter hatte das Telefonat beendet. «Bekomme ich auch was?»

«Klar.» Benno goss ihr ein.

Ein Rumpeln im Flur ließ sie aufhorchen.

«Sind das die Schweine?», fragte Saskia, die wegen Matteo und ihrer Mutter immer noch fassungslos war.

«Nein, die sind im Keller», sagte Benno schnell und hoffte, dass das stimmte.

Es waren nicht die Schweine. Es war Nicole, die von einem jungen Mann hereingetragen wurde.

«Hallo», sagte der Mann, der schätzungsweise Mitte zwanzig war. «Ich bringe Ihnen Ihre Mitbewohnerin. Sie ist vor einem Baum umgefallen, und ich musste den Notarzt holen. Im Krankenhaus sagten sie aber, dass es nur eine Kreislaufschwäche sei.»

«Kann ich helfen?» Sebastian stand schon auf, und

Julia nickte. Bestimmt hofften die beiden, dass sie Nicole nun Blut abnehmen konnten.

«Nein, es ist alles in Ordnung. Sie hatte sich bloß aufgeregt.»

«Wegen der Polizeischule?», fragte Kim, die nun ebenfalls aufgeregt war.

«Ja», kam es von Nicole, die langsam abgesetzt wurde. «Warum denn sonst?»

«O Mann, tut mir das leid», sagte Julia zerknirscht. «Dabei hattest du dich doch so darauf gefreut!»

«Ich freu mich ja immer noch.» Jetzt lächelte Nicole. «Ich bin aufgenommen worden. Ja, ich bin tatsächlich aufgenommen worden!»

«Nein!», schrien alle.

«Doch», sagte Nicole. «Und das ist übrigens Jan. Er hat mich gerettet.»

Während alle durcheinanderredeten und man sein eigenes Wort nicht verstehen konnte, klingelte es an der Tür, und Saskia stand auf. Bestimmt Herr Baumann mit seinem Gewehr.

Aber es war nicht der Nachbar, sondern Alexander vom Studentenwerk.

«Hallo, Saskia», sagte er.

«Äh, hallo.»

«Dein Chef hat mir gesagt, wo du wohnst», sagte Alexander, und seine schönen Augen strahlten sie an.

«Das ist aber nett von ihm. Ich wollte dich eigentlich morgen anrufen. Weil … aus der geplanten Hochzeit, für die ihr engagiert seid, wird nämlich nichts.»

«Hat mir dein Chef schon gesagt. Ich hab mit ihm wegen was anderem telefoniert.»

«Dann ist ja alles geklärt.»

«Dein Chef meinte, ich solle ruhig bei dir vorbeischauen.»

«Hat er das?»

Er nickte. «Ja. Er meinte, jetzt sähe die Sachlage ja anders aus.»

«Welche Sachlage?» Saskia war völlig überrumpelt.

«Na ja, das mit den Beziehungen im Job. Als ich angerufen habe und nach dir fragte, sagte er mir das mit der abgeblasenen Hochzeit.»

«Soso.»

«Ja. Und nun bin ich hier. Ich wollte dich eigentlich fragen, ob du Lust hast, mit mir irgendwann mal, also, das muss nicht heute und nicht morgen oder übermorgen sein, ob du irgendwann Lust hast, mit mir einen Kaffee trinken zu gehen.»

«Ich mag keinen Kaffee», sagte Saskia.

«Ach, das ist ja schade.» Alexander sah verdattert aus.

«Aber du kannst ein Bier haben. Jetzt gleich.» Sie stieß die Wohnungstür auf. «Komm rein. Die Bude ist zwar schon total voll, aber einer passt immer noch dazu.»

«Oh, toll», sagte Alexander und schien sich zu freuen.

«Ich resümiere», sagte Nicole später am Abend und gickelte. «Wir wohnen noch nicht mal eine Woche hier, und es sind schon so viele unglaubliche Dinge passiert, dass ich sie gar nicht alle aufzählen kann.»

«Das ist sicher auch besser so», sagte Kim trocken.

«Wer weiß, was noch kommt», schloss Jupp sich ihr an.

«Was soll denn jetzt noch kommen? Gut, wir müssen einen Platz für die Wildschweine finden», sagte Saskia.

«Gut, dass du's ansprichst!», rief Benno. «Die Kleinen

müssen nochmal raus. Die brauchen doch ein wenig Auslauf.» Er verschwand in Richtung Keller, und drei Minuten später tobten die Frischlinge durchs Wohnzimmer nach draußen.

«Gott, der Rasen, Benno! Pass bloß auf den Rasen auf!», schrie Saskia.

«Ja, ja, ja», sagte Benno, dessen Handy in diesem Moment klingelte.

Drinnen ging die Unterhaltung derweil weiter.

«Also, wo war ich?», fragte Nicole. «Es ist wahnsinnig viel passiert.»

«Und jetzt ist es auch mal gut», sagte Saskia. «Es reicht nämlich. Ab morgen möchte ich ein ruhiges Leben führen. Ohne Zirkus. Ich will abends nach Hause kommen, die Dinge erledigen, für die ich in unserem Plan eingeteilt bin, und dann meine Ruhe haben. Natürlich möchte ich auch ab und an weggehen ...», kurzer Blick auf Alexander, «... aber ich will, dass hier alles ... ja, eben ruhig ist. Wie bei einer ganz normalen WG.»

«Das wäre schön», pflichtete Julia ihr bei. «Benno und ich hätten heute fast einen ruhigen Abend gehabt. Der Ansatz hat mir nicht schlecht gefallen. Aber dann kamst ja du.» Sie schaute Sebastian an, der sich verteidigen wollte. «Keine Angst, das war okay so», sagte sie dann schnell.

«Um es nochmal zusammenzufassen, uns allen geht es derzeit gut. Es könnte schlimmer sein», überlegte Saskia. «Und meine Mama ist auch glücklich.»

«Ich werde heiraten», sagte Angelika Pupp stolz in die Runde.

Saskia hoffte, dass dieser Matteo wirklich ein guter Mann war. Aber das würde sie schon noch herausfinden. Was wohl aus Mandy würde? Na ja, die hatte sich immerhin ganz schön danebenbenommen. Nun bekam sie die Quittung.

«Was macht eigentlich Benno da draußen?», fragte Kim verwundert und deutete in den Garten. Benno sprang herum und schien sich zu freuen. Er telefonierte immer noch.

«Wahrscheinlich ist das sein Heinz, der ihm sagt, dass er noch ein paar Wochen länger wegbleibt», mutmaßte Julia. «Dann kann Benno nämlich ein paar Frettchen oder Panda-Bären im Internet ersteigern, und wir können dann sehen, wo die bleiben. Wer ist denn das jetzt?», fragte sie genervt, weil es schon wieder klingelte. «Ich mach auf.» Sie erhob sich. Während sie zur Tür ging, sagte sie: «Aber ab morgen ist hier nicht mehr so viel los. Das verspreche ich euch. Auf Dauer hält das ja kein Mensch aus.» Doch nachdem sie die Tür geöffnet hatte, war sie sich da nicht mehr so sicher.

«Ist das eine Überraschung? Na?» Professor Haselmaus stand da und freute sich, sie zu sehen. «Ich wollte mir die eingerichtete Wohnung ja schon die ganze Zeit mal anschauen, aber wenn man pensioniert ist, hat man ja nie Zeit, nicht wahr?»

«Hallo, Herr Professor», sagte Julia. Was sollte sie sonst sagen? Sie war ein wenig verwirrt, weil der Professor nämlich nicht alleine dastand. Da waren noch acht andere Leute.

«Oh, ist das fein, dass Sie zu Hause sind. Haben Sie gerade eine kleine Einzugsfeier?», fragte Herr Haselmaus fröhlich und nickte. Dann deutete er auf die Truppe hinter sich. «Das sind sie. Das ist die Verwandtschaft aus Texas!»

«Aus Texas», wiederholte Julia. «Ja und?»

«Das ist Deirdre, meine Schwägerin.» Er zog eine dicke Frau nach vorn, die über und über mit Strassschmuck behängt war. «Also, eigentlich heißt sie ja Helga. Ich habe Ihnen doch von ihr erzählt, als wir im Garten waren.»

«Ja, aber …»

«Ich erinnere mich noch gut daran. Auch dass ich Ihnen erzählt habe, dass Deirdre und die Familie zum runden Geburtstag meiner Frau kommen werden. Hab ich oder hab ich nicht?»

«Schon möglich.»

«Und da sind sie. Das ist Deirdres Mann George, und da hätten wir die drei Kinder: James, Matthew und Bobby. Ach, und da sind die dazugehörigen Frauen Geena, Alina und Sarah. Sagt alle hello.»

«Hello», sagten alle.

Ängstlich musste Julia feststellen, dass da auch Koffer und Reisetaschen standen. Ihr schwante Fürchterliches und sie wurde nicht enttäuscht.

«Ich freue mich ja so, dass Sie sich bereit erklärt haben, unsere Gäste aufzunehmen.»

«Wer hat denn das gesagt?»

«Na, meine Frau. Ich hab ihr doch gesagt, dass sie bei Ihnen anrufen soll, und sie sagte, sie habe es getan. Sie hätten nichts dagegen, dass Deirdre und ihre Familie für ein paar Tage hier wohnen. Genau gesagt sind es zwei Wochen. Wenn man schon mal in Deutschland ist, will man ja auch nicht gleich wieder weg, oder?»

«Nein», sagte Julia, die auch ‹nein› dachte.

Saskia, die Julia gefolgt war, mischte sich ein. «Ich habe mit Ihrer Frau telefoniert. Herr Haselmaus!», rief sie fröhlich.

«Sag ich's doch», sagte der Professor und lächelte ihr freundlich zu. «Auf meine Frau kann ich mich doch verlassen.»

«Eben, eben», frohlockte Saskia, während sie von Julia wie ein widerliches Insekt angestarrt wurde. «Es ging um die Kaution!»

«Welche Kaution?», fragte der Professor interessiert.

«Na, für die Wohnung. Die dreitausend Euro. Ihre Frau sagte, das sei kein Problem, wenn wir das Geld nicht aufbringen könnten. Vertrauen sei doch heutzutage viel wichtiger. Und sie sagte auch, dass Sie das genauso sehen.«

Julia hielt die Luft an.

«Aber, aber, meine jungen Damen!», rief Herr Haselmaus. «An so etwas soll doch ein gutes Mietverhältnis nicht scheitern. Wer braucht schon eine Kaution? Mir ist es viel wichtiger, dass meine Rosen geschätzt werden!»

«O ja, wir lieben Rosen!», riefen Saskia und Julia geistesgegenwärtig.

«Das mit der Kaution vergessen wir», sagte Herr Haselmaus und machte eine entsprechende Handbewegung. «Es gibt Wichtigeres auf dieser Welt.»

Saskia blickte stolz zu Julia hinüber. Endlich hatte die die Fehler der Vergangenheit ausgemerzt. Julia schien es genauso zu sehen. Sie schaute Saskia nämlich nicht mehr böse, sondern überaus freundlich an.

Der Professor drehte sich zu seiner Verwandtschaft um.

«Kommt nun rein», sagte er. «Die Wohnung ist sehr schön, das werdet ihr gleich sehen. Ja, ja, da entlang, da ist das Wohnzimmer, geht schon, geht.»

Und er ließ Julia stehen, die die Tür schloss. Dann folgte sie ihm.

Im Wohnzimmer wurde der Besuch erst gar nicht wahrgenommen, weil alle im Flur oder im Türrahmen stehen blieben.

Benno war wieder hereingekommen. Er war knallrot im Gesicht und sprang immer noch herum. «Was für eine geile Sache! Wie geil ist das denn?», brüllte er.

«Ja, was denn?», schrien die anderen zurück.

«Ist das zu fassen!», brüllte er weiter. «Ich hab einen festen Vertrag. Als Songwriter. Bei Malcolm Music!»

«Wie toll!», schrie die Gruppe, und: «Wie kommt das?»

«Durch meine innovative Idee mit den WG-Texten! Und das will Malcolm Music haben!»

«Echt?», fragte Saskia. «Die, die du seit ein paar Tagen textest, während du hier sauber machst?»

«Ja, die! Und jetzt will der Chef ein Casting machen für eine Girl-Group, ej, wie irre ist denn das!» Benno bekam kaum noch Luft.

«Das ist übrigens die Verwandtschaft aus Texas von Professor Haselmaus», unterbrach Julia, die sich zwischen den Weitgereisten durchgequetscht hatte, seine Ausführungen.

«Hallo», sagten alle außer Nelli, die zwischenzeitlich eingeschlafen war, fröhlich. Sie lag gemeinsam mit Hansi auf dem Sofa, und beide schlummerten selig vor sich hin.

«Deirdre und ihre Familie wohnen jetzt für ein paar Tage hier», redete Julia weiter, und erst wollten ihre Mitbewohnerinnen protestieren, das sah man ihnen an, aber dann begann Julia zu lachen, einfach so. Und sie lachten alle mit.

Herrje, gut. Dann würden hier eben zwei Wochen lang noch Leute aus Texas wohnen.

Das bekamen sie auch noch hin.

So wie alles.

«Wie soll denn die Girl-Group heißen?», fragte Saskia irgendwann und wischte sich die Tränen aus dem Gesicht.

«Keine Ahnung, aber da wird uns schon was einfallen.»

«Ich hab einen Namen», sagte Nicole, die Jan im Übrigen immer sympathischer fand.

«Welchen?»

«*Ausgezogen*», kreischte Nicole. «Wie denn sonst?»